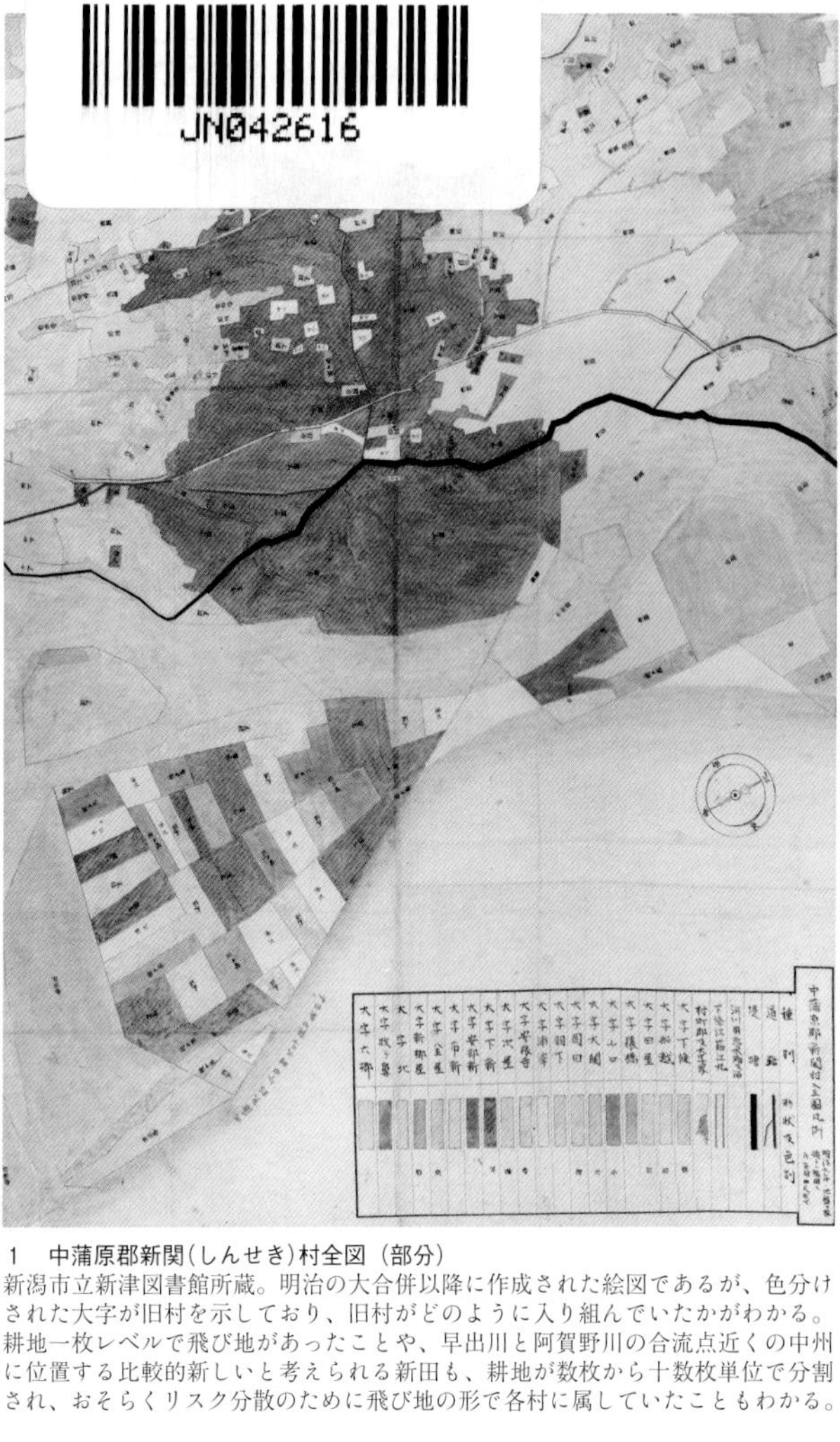

1　中蒲原郡新関(しんせき)村全図（部分）

新潟市立新津図書館所蔵。明治の大合併以降に作成された絵図であるが、色分けされた大字が旧村を示しており、旧村がどのように入り組んでいたかがわかる。耕地一枚レベルで飛び地があったことや、早出川と阿賀野川の合流点近くの中州に位置する比較的新しいと考えられる新田も、耕地が数枚から十数枚単位で分割され、おそらくリスク分散のために飛び地の形で各村に属していたこともわかる。

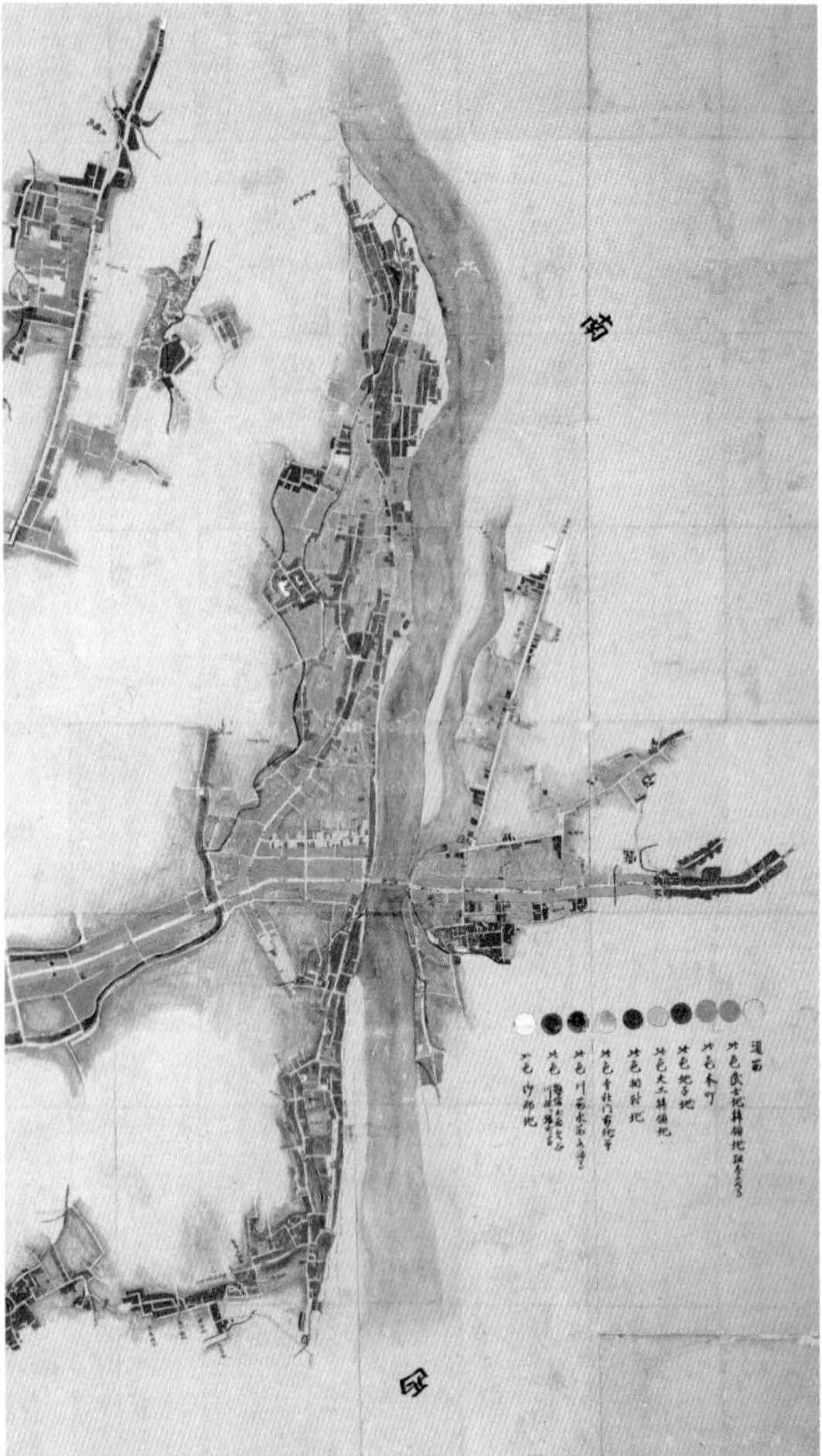

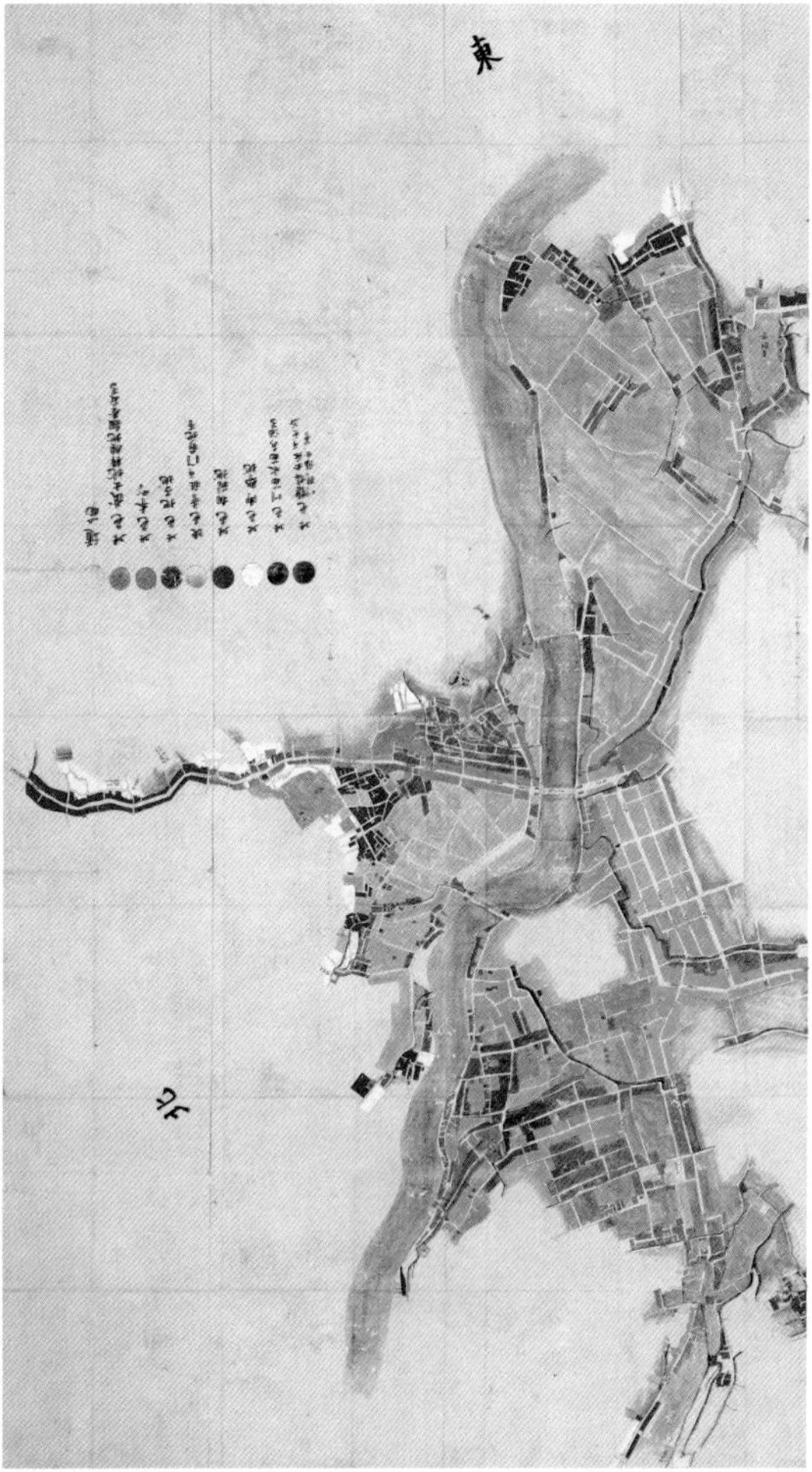

2　相対請地の位置関係
1799（寛政11）年作成「金沢町総絵図」（金沢市立玉川図書館近世史料館所蔵）。町の周縁部に赤色で描かれているのが、相対請地である（絵図には「相対地」とある）。この相対請地は、もともと百姓地（＝村）であったものが宅地化され町場になった場所（第2章2で詳述）。

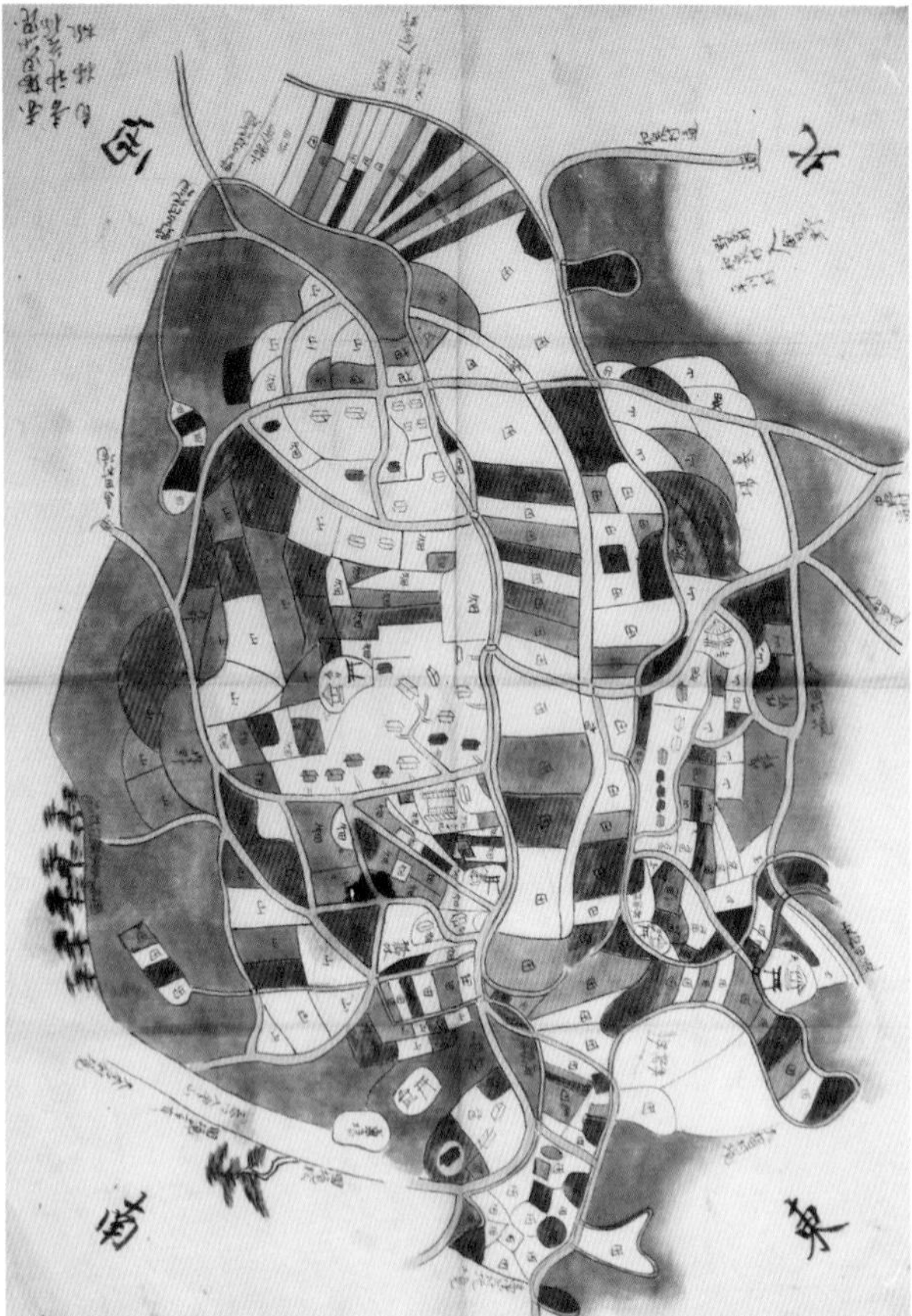

3　相給村の絵図

「平川村三給色別絵図〔幕末期〕」（千葉市立郷土博物館寄託「千葉市緑区平川町・高橋信勇家文書」所収）。村内が支配ごとに色分けされて、飛び地になっている様子がわかる。

ちくま新書

村の日本近代史

荒木田 岳
Arakida Takeru

1529

村の日本近代史【目次】

はじめに

†近代化とは何か

本書では、村の「近代」化について考察する。といっても、村にコンビニができて便利になったとか、農業が機械化されたといった事実について述べようとしているわけではない。また、村人の暮らしや、村長の決断といった話に言及しようというわけでもない。「村が近代化する」とはどういうことか、について考えてみたいのである。だから、村人の日常生活などは、ひとまず考慮の外に置く。

「村」という言葉は奈良時代には存在していたが、そのときにはすでに、村は支配のための単位であったと考えられる。それゆえ、支配の方法が変化するにともなって、村の性格もまた変化した。なかでも、近代化は村の性格を劇的に変えたが、その過程で村がどのように変貌したかを検討することが本書の主要な課題である。その上で、副次的には、村の性格の変化を通じて近代化の意味を問い直してみたいと考えている。後者については、紙幅の関係もあり、問題提起にとどまらざるをえないが、著者の問題意識はどちらかといえば、こちらにある。

もっとも、近代化が村の性格を変えたという主張にはあまり異論がないであろうし、それゆえ、逆にまた新鮮味もないように感じられるかもしれない。しかし、あえて本書でそれに言及することには二つの意図がある。

まず、変貌のあり方が通常イメージされているものとは異なっていたという事実について論じたい。これが一つ目の意図である。歴史（ヒストリー）もまた物語（ストーリー）であるとするなら、これまでとは違った物語を提示してみたいということである。

通常、村をめぐる大がかりな改革は、明治期の地方制度改革のなかで実施されたと考えられている。それ自体に異論はないが、概してその考え方は、それ以前の村が自足的かつ共同的なものであったというイメージ（自然村から行政村へ）や、新たに作られた村が既存の村を束ねてできたものであるというイメージ（合併町村、村落二重構造）をともなっている。

しかし、果たしてそうだろうか。多くの人々の郷愁を喚起するような、自足的で共同性にあふれた前近代の村のイメージもまた、実は、近代化のなかで作られたものではなかったか。そして、近代の村は単にそれまであった村々を束ねたものではなく、従来とは異なる原理で作り変えられた、まったく別のものを同じ名前で呼んでいるのではないか。それを論じることが最初の意図である。

次に、通常の近代化とは少々異なる時代設定をしたいというのが、二つ目の意図である。冒頭で「近代」と括弧を付して書いたのはそのためである。先述の、村の劇的な性格変化（＝近代化）は、一八八〇年代末に実現されるが、その起源はすでに一六世紀にみられる。だから、明治期に起こった村の性格変化を、もう少し長い歴史的スパンと社会の広がりのなかで捉え直してみようということでもある（それらの意味で『村の日本近代史』という標題には、内容の上でも、時代設定の上でも意外な印象をもたれるかもしれない）。近代化の背景には、地球の有限性に関する認識とそれに基づく領土観の変化があり、日本における村の性格もそのような世界史的な変化のなかで転換していったと考えられるからである。つまり、村の近代化は世界史と地つづきであったといえる。

†本書の構成

以上の問題を論じるために、本書の第一章では、ポルトガル船の来航とそれへの反応から説き起こしてみたい。それによって、「境界によって区切られ、土地から人間を捕捉する」という、今日の「村」の原型は、豊臣秀吉の天下統一構想にすでにあらわれていることがわかるはずである。

第二章では、それにつづく幕藩体制期の村の変化を探ってみたい。近代化を目指した秀吉の天下統一構想は、しかし、彼の死後半世紀ほどのあいだに急速に形骸化していった。統一国家の夢は破れ、全国は三〇〇諸侯の領邦国家に近づいていく。村は、一方で都市化によって蚕食(さんしょく)され、他方で新田開発によって拡大し、さらに石高(こくだか)制の帳尻合わせのために切り刻まれた。こうして、村は、秀吉が構想したものとも、世で「日本の旧慣(=旧来の慣行)」と考えられているものとも、まったく異なる姿になっていった。

黒船の来航をきっかけとして、日本では再び統一国家を建設することになった。その改革過程を論ずるのが第三章である。くしくも、明治政権による「近代化」策は、秀吉構想の「否定の否定」として立ち現れた。つまり、明治期の改革は度量衡統一や地方官による地方統治など秀吉構想の焼き直しであることが多く、換言すれば、秀吉構想の重要部分は明治政府によって実現されたともいえる。

「境界によって区切られた一円的な村」という、秀吉の構想した村もまた明治期の改革によって、土地と民富を囲い込む中で実現された。明治地方自治制の施行期に、新たに付け加えられたのは、村の法人化であったが、これによって、自治の名とは裏腹に、村を村人の意向に従わせるのではなく、むしろ逆に、村を国家意思に従わせるものになった。その後の社会の大変動は、こうした変革を前提に可能になったように思われる。これらの点は、第四章で扱う。

全体を通じて村の概念がどのように変化したかについて、多少の重複をいとわず序章と終章にまとめた。

なお、引用については、［　］で括って著者の姓を示すに留め、同姓のものには①、②……と番号を付し、出典は末尾に一覧の形でまとめて掲載する。日付は陽暦・陰暦の順になるべく併記するよう努めた。幕末期以降の法令には、法令番号のなかった時期のものも含め、のちに編集された『法令全書』の表記に従って番号を付した。

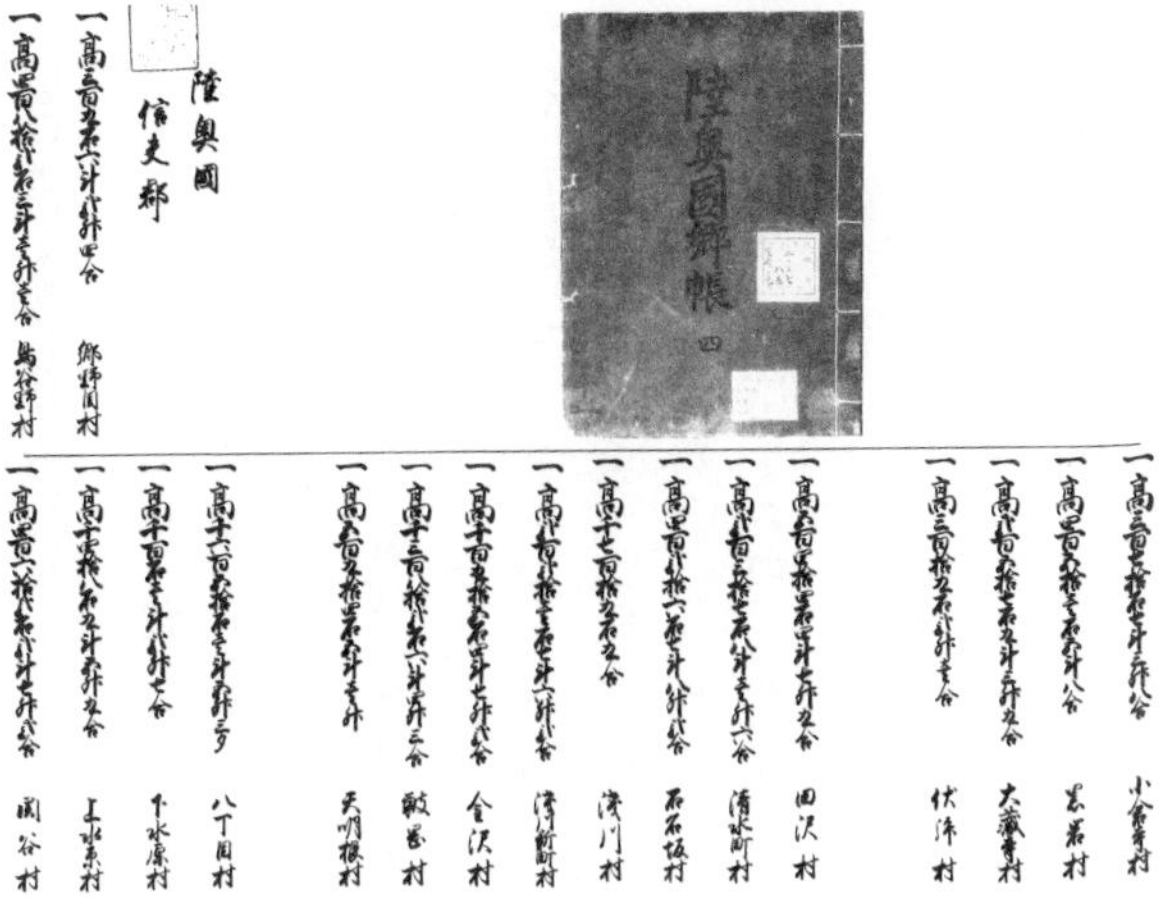

序　章

村概念の転換

「陸奥国郷帳 四」
（史籍研究会編『内閣文庫所蔵史籍叢刊 第55巻 天保郷帳(一)』汲古書院、1984年）

†人間の集団を意味したかつての村

村という言葉は、奈良時代にはすでに存在していた。たとえば、当時の荷札木簡などにその表記が見受けられる（平城京で発掘された七三七〔天平九〕年のものとみられる、「高瀬村」と記載された木簡など）。荷札木簡とは、現在でいえば宅配便の運送状（＝送り状）に相当するものであり、これによれば、送り手も、受け手も、そして配達者も、表記された村を「村」として認識していたとわかる。もっとも、このときの村は、和語のムラに中国から伝来した漢字を対応させたものであろうから、中国語の村と、和語のムラの意味内容が一致しているかという点では微妙な問題もある。当時の地方行政機構は国郡郷（里）であり、村（邑）は含まれなかったが、地図作成要領などに「郡国郷邑」という表現もみえ、古事記にも村の記載がみえるので、一般に用いられた表現だったはずである。

しかし、当時の村は、現在の村とはまったく性格を異にしていた。というのは、当時の村は、土地や地名を指す言葉である以前に、第一義的には人間の集団を指す言葉だったからである（それに対し、「町」は純粋に「番地」を意味していたが、この点についてはここでふれない）。当時も基本的には農耕を中心とした定住社会であったため、村が土地や地名と密接に関連していたことは疑いがない。それでも、自然災害によって安定的に耕地を維持できないよ

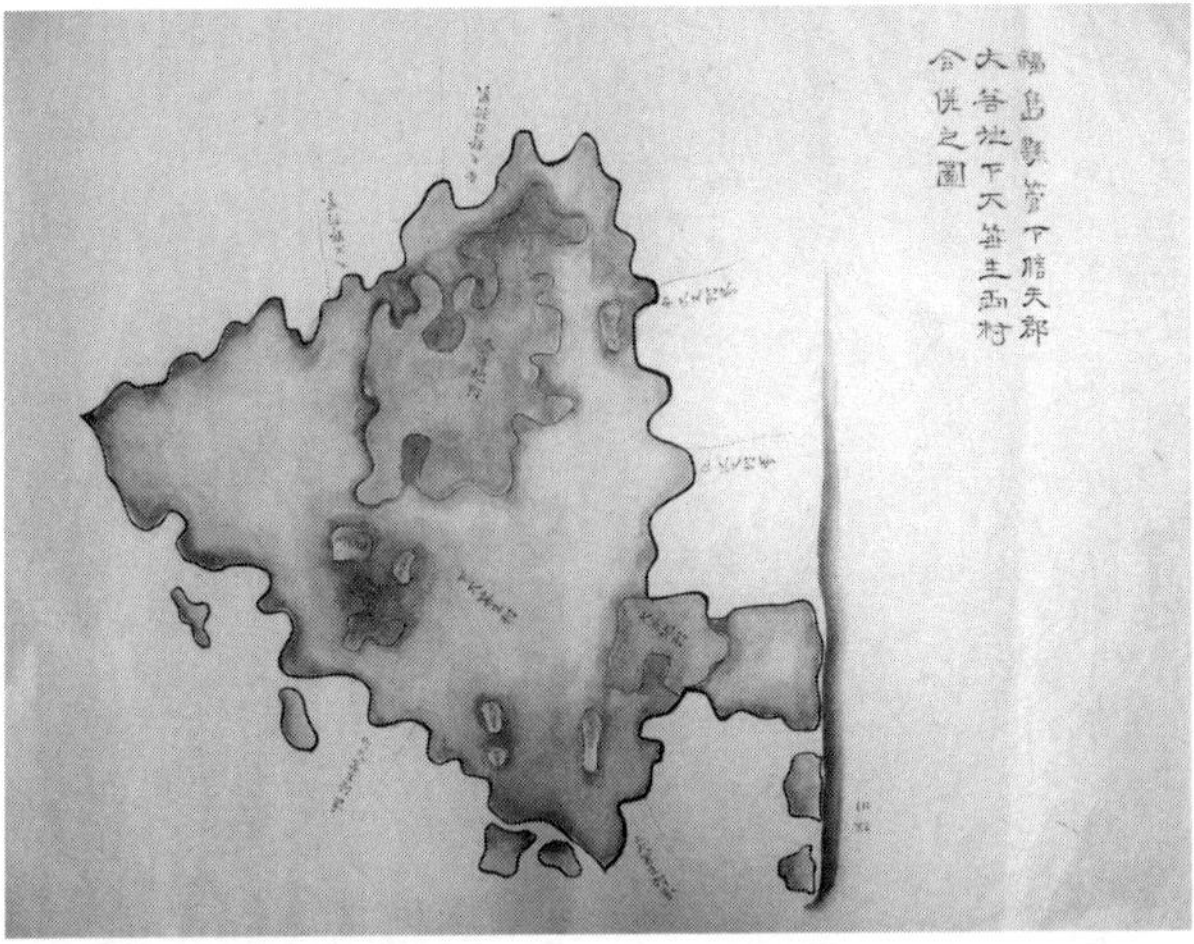

図1　明治4年の村々合併図
「福島県管下信夫郡大谷地下大笹生両村合併之図」（福島県立図書館所蔵「福島県管下各村合併図」綴所収）。「明治の大合併」のはるか以前に村落の合併が問題になった事実を示している。

うな場合や、戦乱などの際には村ごと移住するということもあった。それらの場合、離村ではなく、村自体が移動するわけである。

さて、村が第一義的には人間の集団を意味したという事実が示すのは、人間と土地との関係でいえば、「人を通じた土地の捕捉」が行われたということである。つまり、まず村人ありきで、その村人たちが持っている土地を地図に落としていくと村の領域が確定されるという順序になる。ためしに、明治初年に、土地の現況を調べるために各地で作成された村絵図を眺めてみれば、ことのほか飛び地や地籍錯雑（さくざつ）の多いことに気づくであろう（図1、後掲の図7も参照）。

飛び地ができるのは、人間を通じて土地を把握するからであって、まず土地を区画し、区画された土地を通じて人間を把握しようとすれば、飛び地の出現する余地はない。だから、飛び地は「人を通じた土地の捕捉」という、属人的な支配のあり方を表現するものであった。また、当時は、いずれの村にも属さない土地が広く残されていた。人間が関心を持たない土地や、意図的に隠された土地は支配の視野には入らなかったし、実際のところ、用益のない土地や視野に入らない土地をどこかの村に帰属させる必要もなかったのである。さらに、用益があり、支配の対象にはなっていても、入会地や共有地のように、一つの村には帰属しないという場所もあった。だから、村は必ずしも地続きではなく、海に浮かぶ島々のようなものとして存在していたし、そのように観念されていた（図2）。

†領域を表す村への転換――「人を通じた土地の捕捉」から「土地を通じた人の捕捉」へ

それに対して、現在、村というときには、まず、ある領域を想定する。その「村の土地」の上に住んでいる人は、原則としてその村の住民として扱われる。つまり、まず村の領域があって、そこから人間（村人）を把握していくという考え方に立っている。また、その前提として、国土のあらゆる土地が、どこかの村（市町村）に属しているということ

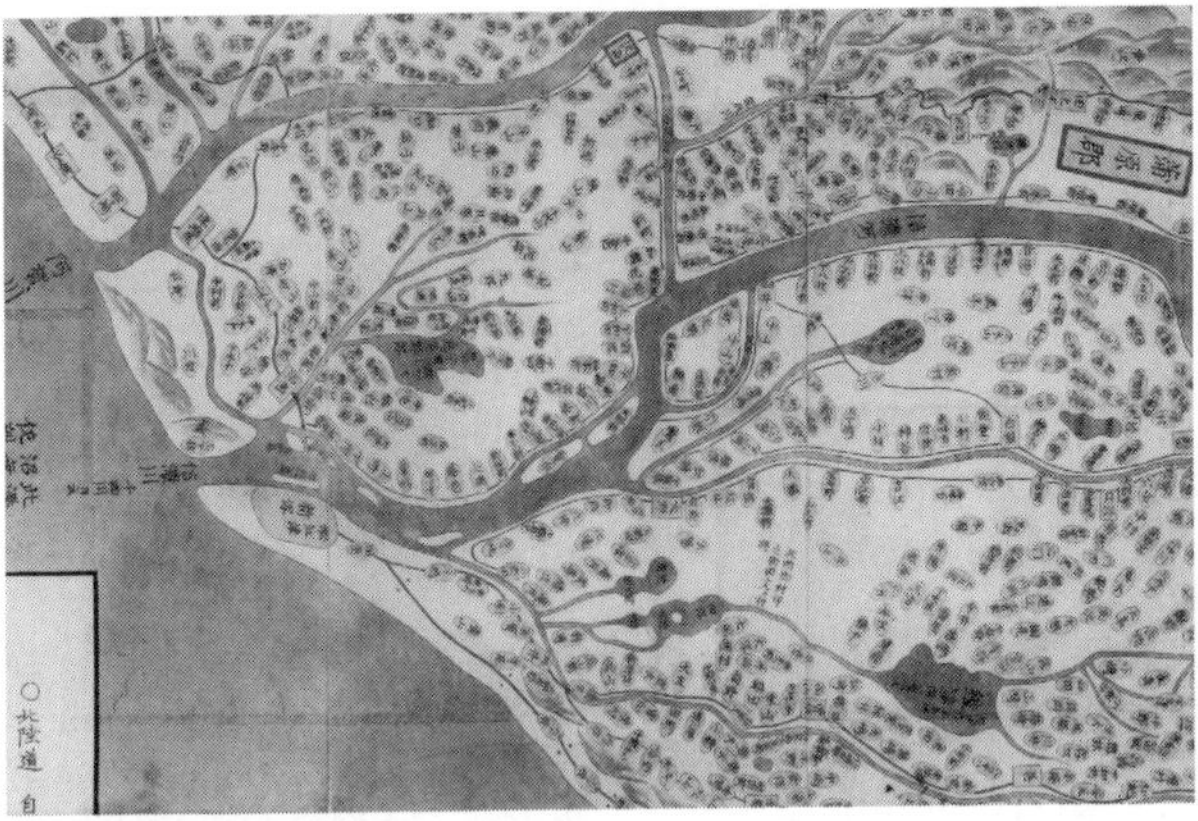

図２　幕藩体制下の絵図
「越後国絵図　下」（新潟県立図書館所蔵）。文政年間以前の作成と伝えられる。越後平野のような平地の場合、山間部と異なり、耕地が隣村と境界を接している場合も多かったが、飛び地が出入りして境界線を引けないこともあった（本文中で後述）。

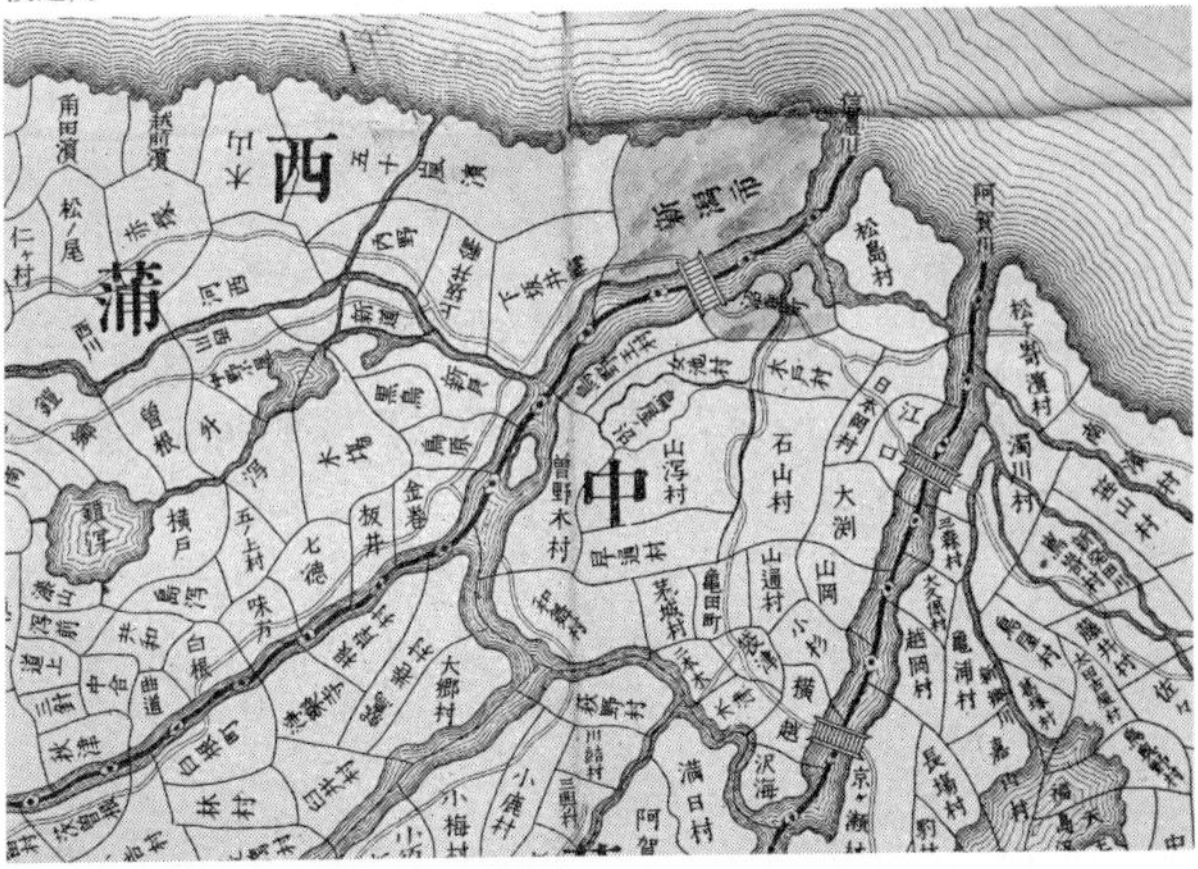

図３　市制町村制施行後の地図（部分）
「新潟県管内新独立町村区画全図」（1889年７月発行、新潟県立図書館所蔵）。図２とほぼ同じ場所であるが、地図の方角が異なっていることに留意。

にもなっている。もっとも、村が第一義的には土地を意味するといった場合、土地が村に帰属するのか、村が土地に帰属するのか、これも微妙な問題を残すが、ことの経緯からすれば、先述のように土地が村に帰属するという順序（「○○村」の土地）になるであろう。こうして、境界で囲まれた一円的な村（市町村）がパズルのように敷き詰められているというのが現在の姿である（図3）。むしろ、お互いが接するようになったために境界線が引けるようになったといった方がよいかもしれない。

そして、両者の間には「人を通じた土地の捕捉」から「土地を通じた人の捕捉」への原理転換（といっても、重点の転換であるが）があった。こうした転換が、いかなる理由で、いつ、どのようにして起こったのかを「近代化」という文脈から明らかにしようというのが本書の課題である。

結論を先に述べるなら、人と土地を遺漏なく掌握するためには「土地を通じた人の捕捉」が必要だったというのがその理由であるが、その試みは明治期になって始まったのではなく、一六世紀にはすでに存在していた。そして、その背景には、ポルトガルの来航に象徴されるような国際環境の変化があった。すなわち、世界を分割し、囲い込もうという流れである。これに触発されて、日本でも「天下統一」が推し進められる。村をめぐる観念の転換もそれによって引き起こされた。領知権（年貢を取る権利）と所有権（土地の処分権）を分離し、前者を領主に、後者を百姓に与えたのは秀吉の英断であったが、これは全国の領主を「鉢植え」にするための方策であった。このときに「村切り」が行われ、村を区画した上で、そこに土地も人も紐付けしようと試みられたのである。

ただし、「領域としての村」の形成や度量衡の統一などは不徹底であった上に、その後、幕藩体制下の権力分散化によって見直しも受け、うまくいかない。また、町場の拡大によって村が浸食されたり、新田開発の結果、村の範域自体が変わって飛び地が生じたり、さらには村が複数の領主の支配を受けるようになったりもした。結果として、幕藩体制下で、村は、土地を囲い込むことにも、人を囲い込むことにも成功せず、反対に、支配の都合で石高制の帳尻合わせのために切り刻まれていく。そのため、幕藩体制下とくにその後期における村は、分断され、飛び地に彩られて、それ以前にも、それ以降にも類例のない、特異な性格・特異な形態のものになった。

†村があらゆる土地を囲い込む――市制町村制施行

最終的に「土地を通じた人の捕捉」への転換が実現し、村があらゆる土地を囲い込むことにひとまず成功するのは、一八八九（明治二二）年の市制町村制施行期のことである。そして、その前提として、①明治初年の郡県改革、②山林や荒蕪地まで含めた土地の実態把握、③町村合併（明治の大合併）による土地の組み替え等が存在した。

①の明治初年の郡県改革は、個別的には飛び地の整理という形で開始されるが、一八七一年から一八七二年（明治四年から五年）にかけて本格化する。まず、戸籍法の公布に始まり、廃藩置県、第一次府県統合、戸籍法改正、府県以下の行政区画再編という流れで具体化されていった。郡県制とは、集権的統一権力の下で地方を統治するための仕組をいい、そのための改革を本書では郡県改革・郡県化と呼ぶ。これによって、府県・郡レベルまでの飛び地は整理され、国土を府県、府県を郡というように、上から順に区切っていく行政区画が導入された。一般行政区画としては、府県・郡・大区・小区など、特別行政区画としては、学区、裁判区、徴兵区などがそれにあたる。

他方で、困難を極めたのは、②の土地の実態把握であった。これを実現するためには、現地で実測・確認作業が必要であったが、現地の抵抗もあって、その達成には幾重もの困難がともなったからである。そして、土地の実態が不明確だったために、村レベルの郡県化が不可能になっていたのである。地租改正、その後の地押調査、地籍調査などを経て、土地の実態把握がほぼ完了したのは一八八〇年代末であった。

土地の実態を把握した上で、それまで未帰属であった土地をいずれかの村（市町村）に帰属させるために、③の「町村の大合併」が実施された。町村合併は、未帰属地の解消だけでなく、飛び地や地籍錯雑の解消、境界紛争地の処理、入会地の処理など、当時、課題となっていた多くの土地問題を一括して解決するための便法だったのである。町村合併を経てあらゆる土地がどこかの村（市町村）に帰属するという原則が確立したのも、一八八九年の市制町村制の施行時である（香川県をはじめ、一部施行の遅れた地域がある）。

一連の事実が示すのは、村が集まって、あるいは村が積み上がって国を作ったのではなく、国を分割して村を作ったということである。それが、この時期の地方制度改革の意義であった。そしてその意味で、近代の村もまた「分割と囲い込み」の産物であったといえる。

村レベルまで余白なき帰属が徹底され、郡県化が完成したのと時を同じくして、村は、やはり市制町村制によって「法人化」され、一個の人格を持つ主体（＝近代的公法人）として擬制された。これは、村を「国家という有機体」における一構成要素として位置づけたことの帰結であるが、「村長の意向が村の総意である」というフィクションは、「国家の意向が村長の意向である」ということとセットになっていた。つまり、人間集団としての村（＝法共同体としての村）、人間集団としての国家（＝法共同体としての国家）が明示的に否定されたことを意味した。それゆえ村は、個々の村人の意向から自立し、行政区画になっていく。これを前提に、「機関」たる村長に国政事務が委任されていくのである。

†村人の地位転換――「村の担い手」から「統治の客体」へ

かくして、土地も人間も村（市町村）に囲い込まれたのであるが、そのことがもたらした変化は重大であった。まず、村人の土地はすべて可視化された。人々はどこへ移動しようと、行政区画を通じてどこかの村（市町村）に捕捉されることになった。そして、それを本人も当然のことと観念するようになった。つまり「土地を通じた人の捕捉」によって、自身がどこの村の「住民」なのかが自動的かつ一方的に決定され、同時にそれを本人に理解させ納得させることにもなった。しかも、「村の担い手として」ではなく、「統治の客体として」である。つまり、人が村に帰属するようになったのである。

村とは、まずもって土地を意味する言葉となり、人間と土地の主従もまた転換したわけである。この「住民」という言葉自体が、この時期に法律において初めて定義されるのも示唆的である。「住民」は、「土地を通じた人の捕捉」や「統治の客体」への転換を何よりも雄弁に物語る言葉だからである。

にもかかわらず、村人の地位を「村の担い手」から「統治の客体」へと移行させ、村を行政区画としたこの時点を、学界では、日本における「地方自治」の原点として扱っている。「自治百年」などというときの起点が一八八九年なのはそのためである。地方自治のイメージが豊かさを欠くのも、地方行政と地方自治が混同されるのも、おそらくそのことと関係があると思われるが、ここに至る平準化と村概念の転換という事実をふり返れば、その重大な意味に気づくはずである。

第一章

村の近代化構想
——織豊政権期

1536年にケルンで製作されたフォペルの地球儀
（天理大学附属天理図書館所蔵、「陽気」2007年5月号より）

1 近代化と「天下統一」の課題

†海外交易と戦乱の世

一六世紀半ばのポルトガル船の来航以前に、アジアの交易圏は大いに賑わっていた。ヴァスコ・ダ・ガマの報告でも、すでにマラッカ、中国、レケオス（琉球）方面より八〇〇艘以上の船が諸国の人々を乗せ、豊富な商品を積んで毎年インドに渡り、カリカットに寄港し、沿岸を回りカンバヤ（インド北西部）に行くこと四〇〇年以上になる、とされていたほどである［秋山］。鄭和の七度にわたる航海で知られるように、アジアからアフリカ東岸にかけては長い交易の歴史があった（彼が、中国人イスラム教徒であったことはこの交易圏の性格をよく表現している）。昨今では「海のシルクロード」などといわれるようになったが、質の上でも量の上でも、陸上ルートよりもこちらが主たるルートだったはずである。

交易品は時代とともにうつりかわるが、おおむね絹（生糸）、織物、茶、器、（貴）金属、宝石、貨幣、穀物、木材、香料、薬、木綿、砂糖そして「奴隷」などであった。一五世紀初頭から、日本と中国（当時の政府は「明」であるが、本書では以下、中国と記す）の間に正式な外交・通商が行われるようになり、朝貢船の往来が始まった。これは勘合貿易として知られるが、裏を返せば、早い段階から私船による貿易が存在していたことを裏付けるものであり、両政府もそれを把握していたことになる。

足利後期になると勘合船自体も西国の大名が派遣し、そこに堺や博多の商人が参与するようになる。中国側は、日本に対して朝貢船以外の通商を禁じていたが、琉球やフィリピンを経由して私商船交易が行われていたため、事実上は底抜けになっていた。交易の規制や独占とそれに対する抵抗にも長い歴史があったといえる。

商船と海賊船は紙一重であり、商船が海賊行為に及ぶこともあったし、逆に、海賊船もまた政策によって体制内化（商船化）することもあった。海賊船にとっても商船にとっても、奴隷は長きにわたり重要な交易「商品」であった。そして、その奴隷を「供給」したのは戦乱の世であった。

†戦乱と奴隷交易

ポルトガル船来航時の日本は、戦国時代を迎えていたが、戦乱が続いていたのは、超越的権力が存在せず、それゆえ分権的で自力救済が求められる社会であったからにほかならない。だから、当時の百姓に現代の専業農家の姿を投影するのは必ずしも適切でなく、彼らは土地の自衛集団という面もあった。「百姓のもちたる国」は、守護を討ち滅ぼした地(じ)侍(ざむらい)（一向宗門徒）たちの治める土地でもあった。そこでは、村が自力救済の基礎単位となっていった。

やがて、中世後期には戦闘員と農業者の分離が進行し、戦争を避けるための交渉や、金銭で「安堵(あんど)」（権力者による土地の保障）を買うような事態も出現する。さらには戦乱からの村ごとの避難も行われたという［藤木②］。

戦乱は生産手段の破壊をともない、飢饉を常態化させたといわれる。端境(はざかい)期には食糧が不足し、餓死者が出た。それゆえ、口減らしとみられる「食べるための戦争」や、ハレの日の「乱取り」（人や物の掠奪(りゃくだつ)）のために人々が積極的に戦闘に参加した面もあった。もちろん当時も掠奪や殺人は犯罪であったが、戦時にはその限りでなかった。勝利ののちには乱取りが公認されていたし、下級の者には飯米が給されたという記録もみえるので、これらを期待して人々が戦闘に動員されたということはあっただろう。掠奪された品やとりわけ被虜人・奴隷もまた売買され、これが交易の一端を担っていたのである［藤木②］。専門の仲買人があり、相場があり、媽港(マカオ)、マニラ、マラッカ、ゴアにまで至る販売ルートもできたという［岡本］。

一応付言すれば、奴隷はアジアやアフリカに限った問題ではなく、ヨーロッパにも存在したし、白人奴隷もまた貿易・売買の対象であった。そもそも、生産関係の中に農奴を内包していた例もみられる。ともあれ、こうして続いた戦乱が人々の生活をさらに悪化させ、それがまた戦争の火種になるという悪循環の中にあった。

✝ポルトガルとスペインによる世界分割

アジアの交易状況を変えたのは、たしかにポルトガル人が来航した頃であった。地球が文字どおり球体のものとして一般に認識されるようになったのは(説としては古代ギリシャから存在していた)、ヨーロッパ世界においては一五世紀頃で、その頃から地球儀が生産されるようになる。この地球球体論は、人類の認識に大きな転換を迫ったはずである。つまり、従来、「既知の世界・既知の土地の外側に、海を越えて未知の土地が広がり、さらにその先の海のまた先が奈落になっている」というようなイメージであったものが、地球は閉じた空間であり、それゆえ有限であると考えられるようになったからである。

自ずと、「未知の土地(テラ・インコグニタ)」も従来とは異なった意味をもつようになる。当時のヨーロッパ諸国(とりわけポルトガルとスペイン)が先を争って大航海に乗り出したことにもこの認識の転換が影響しているように思われる。また、トルデシリャス条約やそれに基づくデマルカシオンに象徴されるように、地球上を「分割」するという観念が出現するのもそのためで

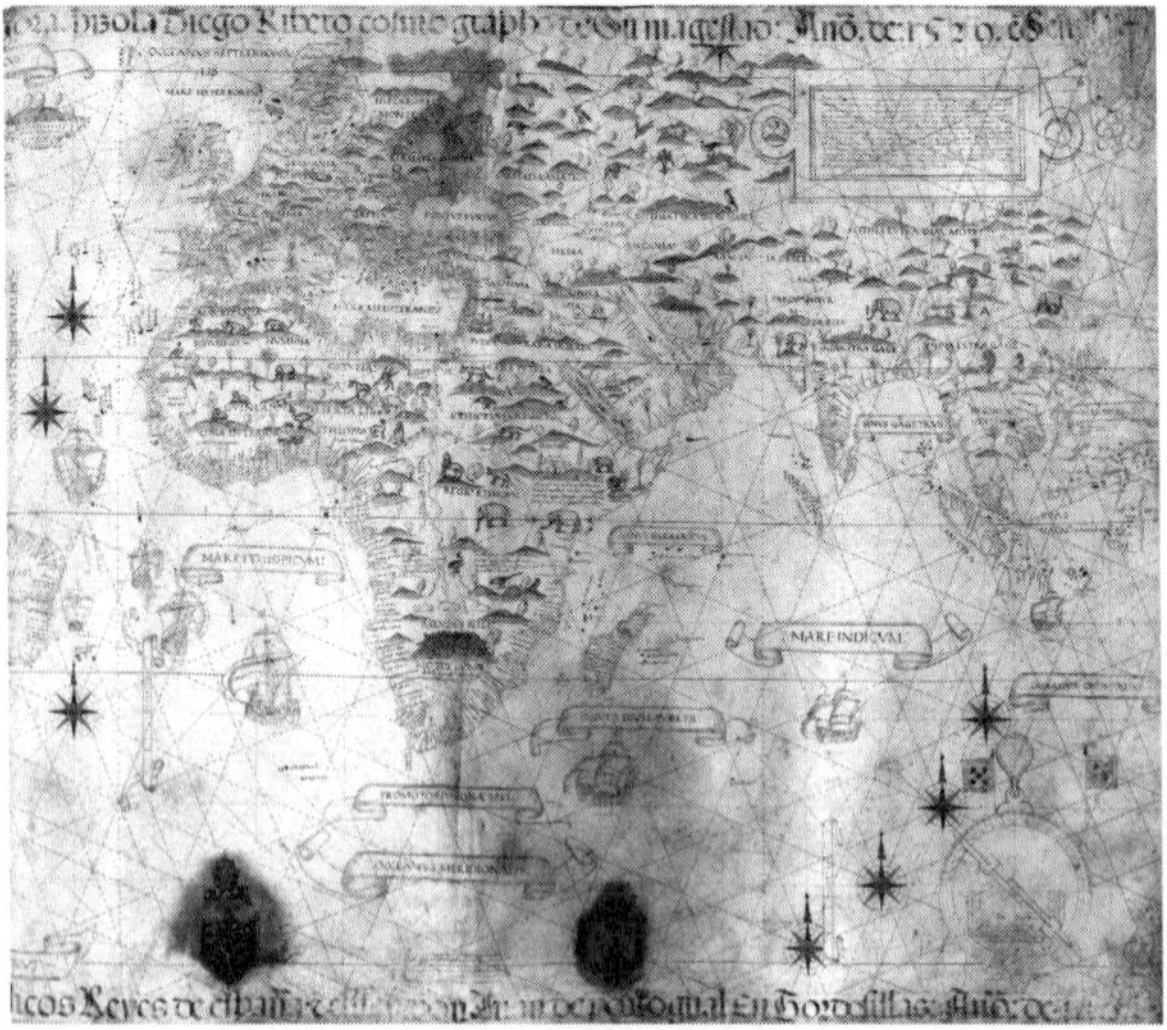

あろう。

近代史家の小路田泰直（こじたやすなお）による「民族が集まり世界をつくったのではない。世界が分裂して民族になったのだ」［小路田］という説明は、そのことを端的に表現していると思われる。そのような観念が出現したという意味で、この時期が世界史における一つの転機であったといえる。それゆえ、交易などもまた、それ以前と以降とでは異なった意味をもつことになった。総じて、近代化とは有限性の認識に基づいた「分割」と「囲い込み」に象徴されるというのが本書の見通しである。

一五二九年にディオゴ・リベイロによって作成されたと伝えられる「万国航海図」がある（図4）。リベイロは、ヴァス

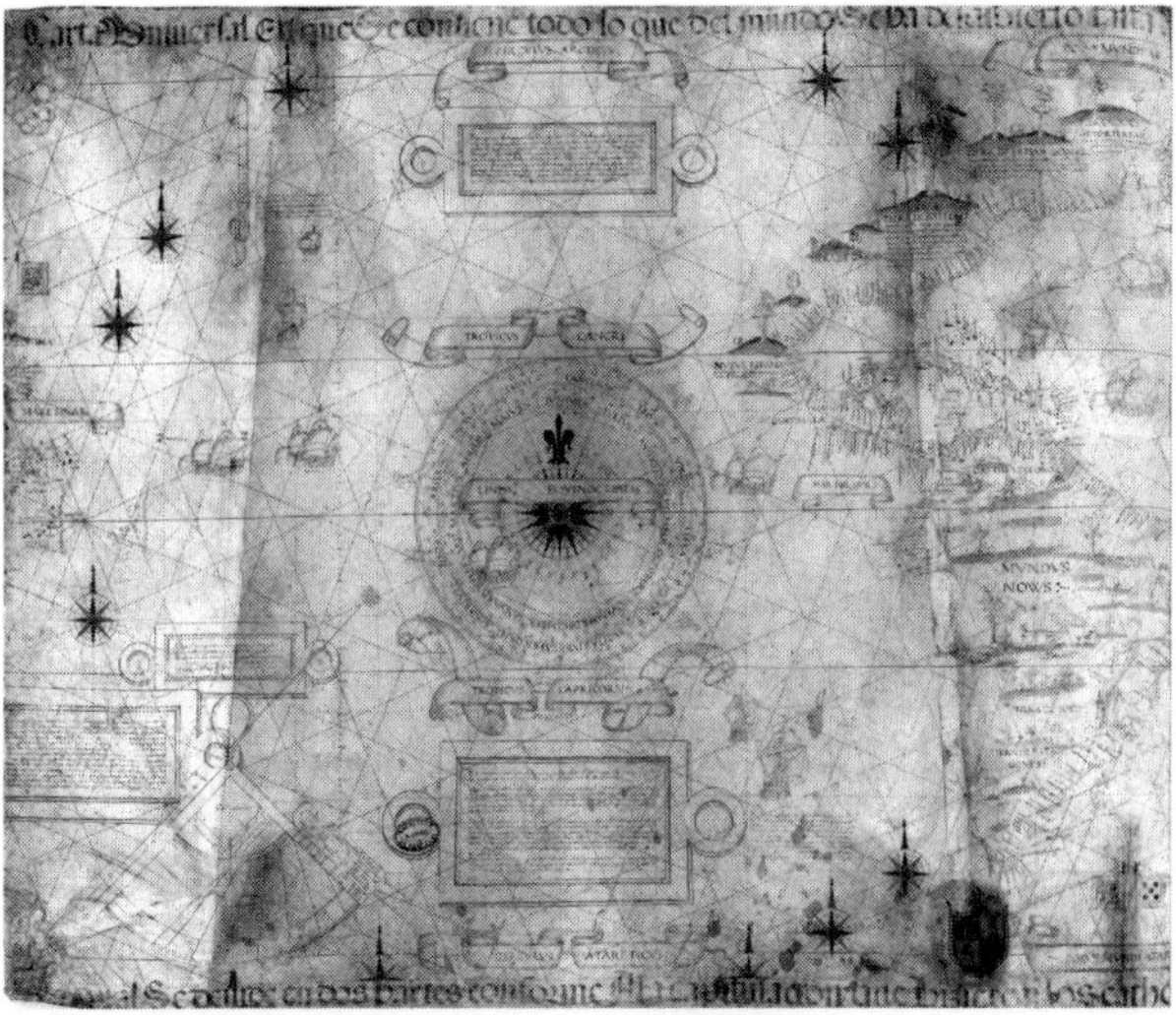

図4　1529年作成のディオゴ・リベイロ「万国航海図」
バチカン図書館所蔵。ジェリー・ブロットン『地図の世界史　大図鑑』(河出書房新社、2015年) pp.100-101から引用。アメリカ合衆国の西海岸や日本は描かれていないことがわかる。

コ・ダ・ガマとともにインドまで航海したことで知られるポルトガル人航海士であるが、スペインから報酬を得て航海地図を作成し、マゼラン――彼もポルトガル人だが、スペインのために航海を行った――の航海をサポートした。史上初といわれる世界周航ののちに作成されたのがこの万国航海図である。一見すると科学的で正確に見えるこの地図も政治的文書にほかならず、「裏でリベイロのようなポルトガル人地図製作者に報酬を与え、地理的現実を操作し、モルッカをスペイン側の半球に位置づけさせた」ものであったと評されている〔ブロットン〕。地図の重点は、西側（左側）の「空白」部分にあり、この未知の「新世界」をどのように探索し、分割し領有するかが、当時のイベリア両国ないしカトリック世界における歴史的関心だったのである。

おおかたのイメージをよそに、黄金の島ジパングは、実はフィリピンのことであったというのが最近の研究成果であるが（当時の日本は銀の輸出国で、金の輸入国であったという）、フィリピンがフェリペ二世にあやかって名づけられ、その後スペインに征服されたのも、偶然ではなかった。石見銀山から産出された銀が抽出法の革新をともなって、急速にアジアの市場に出回るようになり、スペインが銀の島日本に接近を試みた頃から、ポルトガル本国の対日姿勢も変わったといわれる〔的場〕。

一五四二～四三年頃にはポルトガル人が琉球あるいは日本近海に到達していたと考えられ、その後やってきたフランシスコ・ザビエルも、種子島に漂着した中国船（私商船）に偶然乗り合わせていたわけではなく、自覚的に日本を目指したのである。他方で、この時期に日本で鉱山開発が進むのも、海外との交易と無関係とは思われない。

こうして、「異教世界二分割論」と、ポルトガル国王の布教保護権に基づく海外布教およびそれに付随する交易のため、ザビエルをミッションの長として日本への「布教」が開始された。それは、イエズス会を窓口とした貿易のはじまりでもあったし、実現可能性はともかく、日本領有の試みの端緒でもあった［高瀬］。

†イエズス会によるグローバルな金銀流通

日本からは、一五八〇年代には毎年六〇万クルサード（約六〇万両）以上の銀が輸出されたという［小葉田］。一七世紀はじめに銀の輸出量は年間二〇万キログラム（＝二〇〇トン）になり、世界の銀総生産量の三分の一に相当したともいわれる。この銀が、当時の日本にとって最大の輸出産品となり、交易も空前の活況を呈した。銀の輸出は、交易に関わる人数を増加させ、その後、朱印船貿易とも相まって、この時期、日本人の海外進出は急増する。フィリピンのルソン島にはすでに一五七〇年頃には日本人町があったとされ、最盛期（一六二〇年代）には三〇〇〇人の日本人が現地に滞在するようになる［岩生］。

日本船の主要な取引は銀と金を交換することで、ポルトガルもまた日本銀の中国貿易で莫大な利益を上げた。ポルトガルは、中国で生糸を購入し、それを日本で売却した。折しも一六世紀半ばに日中の国交が断絶しており、その間隙（かんげき）を縫ったのである。その結果、本国の生産や消費とは無関係に、資金の大部分を現地調達しながら「布教」を進めることができた［高瀬］。それでも資金は不足したようではあるが、領主を中心に布教したのが功を奏して、九州・畿内を中心に、最盛期には三〇〜四〇万人のキリシタンが日本国内に存在したといわれている。

また、一五九〇年代には、西インド大陸の富の山（セロ・リコ）（ポトシ・現ボリビア）で「部品」と呼ばれた奴隷たちの掘った銀が、スペイン船によって太平洋を渡り、マニラを経由して中国に運ばれたことも知られ、交易も金銀比価の地域差を利用したマネー・ゲームの様相を呈していた。これに深く関わったのもイエズス会であったが、東西インド間の交易は中国大陸のインフレを招き大陸の産物を扱うポルトガル商人の利を損ねることになるため、一五八六年以降、スペイン＝ポルトガル国王の勅令で禁止が繰り返し通達されていた。つまり、イエズス会は非合法の銀を資金に非公認の商業を行って利益を上げたのだという［高瀬］。そして、投銀（なげがね）（冒険貸借）と呼ばれる一種の貿易投機もこの頃から広まっていく。交易の観念も大きく変わったということであろう。単に交易観念を変えただけでなく、有力商人の伸張や貨幣流通など、経済秩序を変化させた面もあった。

信長に謁見したイエズス会の巡察使ヴァリニャーノが、記念に地球儀を贈ったというのは象徴的な逸話である。地球の裏側からやって来た宣教師がもたらした地球儀を見て、信長は何を考えたであろうか。信長も秀吉も、文字どおりグローバル化し富の海外流出も進むなかで、おそらく「日本」を再認識したと思われる。秀吉の対外戦略については、平川新氏の新しい研究もあるが、ここでふれることができない。

†信長・秀吉が目指した国内の平準化と統一

さて、国内にあっては、豪族の中の「超越的強者」による、域内における掠奪と殺戮の全面的違法化が、信長から秀吉に連なる天下統一構想の一つの柱であったことは疑いがない。「天下布武」や「惣無事」という言葉はそのことを端的に示している（後述）。ポルトガル人のもたらした鉄砲が戦争の形を変えたことはよく知られているが、軍艦と大砲に対しても同様の留意が必要であり、これら舶来の最新鋭兵器が戦闘の早期決着とその後の天下統一をもたらしたことは強調されてよい。

さきに「豪族の中の」と書いたが、一六世紀には、北陸から畿内にかけて一向宗寺院を中心とした寺内町が点在し、自治都市の観を呈するようになっており、信長らは豪族だけでなく、こうした宗教権力の平準化も同時に行っている。教団は広域ネットワークを有する一つの強大な権力であり、武家政権（だけでなく、ほかの権力に対しても同様だが）の基盤を脅かすと考えられたからである。信長による石山（大坂）本願寺攻めや延暦寺の焼き討ちが有名であるが、単に宗教を弾圧したのではなく、支配に従えば共存もしたのである［神田］。

秀吉も「神儒仏基の平和共存をもとにすべてを自らの天下に統合すること」を構想した

が、これを受け入れることができなかったキリシタンに対しては、伴天連(バテレン)追放令を発して司祭たちを追放するよう態度を改めることになった［安野］。キリシタン禁令で知られる家康も三河一向一揆ののちには領内の一向宗を禁じて改宗を命じ、従わない僧を追放しているし、のちには、寺院法度によって各宗派に対し、学問奨励や本寺末寺の明確化・序列化などの統制を実施している。歴史上、数ある宗教弾圧・懐柔の一側面である。

ともあれ、こうした「国内」の平準化と統一もまた分割と囲い込みという世界的な流れに対する一つの反応であった。そして、この「天下統一」構想が、支配機構を再編し、その後の村のあり方を変容させていくきっかけとなった。

2 「天下統一」と村の再編

†天下統一とは何か

「一五九〇年、豊臣秀吉が天下統一」と、小学校で社会科の時間に暗記させられた記憶がある。しかし、そもそも天下を統一するとはどういうことであろうか。

「天下」とは、一定の原理に基づく支配領域を意味する中国由来の言葉であるが、当時の日本において、どこからどこまでが天下なのかは、それほど自明ではなかった。つまり、あらかじめ天下の範囲を示す国境線があったわけではなく、周縁部のグレーゾーンを囲い込んでいくなかで、結果として外部との関係で国境が浮かび上がってくるものだからである。

一五九〇年は小田原攻めを指したようであるが、当時、抗争を繰り返した列強の中にあって、名立たる群雄を制圧したときということで、小田原攻めがその画期とされたのであろう。たしかに、これ以降、秀吉の存命中には「域内」で大規模な戦争はなくなる。そして、その時期の状況を反映して天下の範囲が決定されたのであって、その逆ではない。だから、これまで定義せずに「日本」という言葉を使ってきたが、上記の対外関係および国内関係に基づいて、日本という範域（日本六十余州）が、結果として、しかもこの時期に急速に、作り上げられていったということには留意が必要である。

次に問題になるのは「統一」ということである。戦闘に勝利し各地の武将を鎮圧することがそのまま天下統一の実現を意味するであろうか。戦勝に引き続く、安定した支配があってはじめて天下統一が実効性をもつのではないか。つまり、天下統一のためには、停戦ではなく戦争の終結、ひいては域内における掠奪や殺戮の全面的違法化（＝平和）と、人々がそれに従うという規範性等々が併せて実現されなければならないであろう。もちろん、短期的には圧倒的な軍事力が天下統一の源泉であったことは疑いないとしても、中長期的には安定的な支配のシステムが必要だったという意味である。「平和を勝ちとる」ことは戦争に勝つことよりも大変である、といわれるゆえんでもある。

そして、先述の「天下布武」や「惣無事」という言葉に象徴されるように、そのことには当時の支配者たちも自覚的であったと思われる。「国郡境目相論」については裁判によって解決することとし、それへの不服従は「誅罰」することが示された（島津宛秀吉直書・判物）。また、喧嘩停止令や海賊停止令なども惣無事の具体化であり、村々の間での争論に際しても実力行使が禁じられた。さらに、九州戦争終結後には九州に、小田原戦争終結後には東国も含め全国に人身売買停止令が出された。これらは豊臣平和令と性格づけられている［藤木①］。

ともあれ、ひとまずここでは、天下統一を「平和を基調とした安定的な支配」と捉え、具体的には「有力な地方豪族が反旗を翻すことのできない状態を維持すること」と定義しておきたい。これが「自力救済の制限」の上に成り立っていたことはいうまでもない。つまり、本心はともかく、形の上では地方の豪族たちが唯々諾々と天下人の命に従うということになろうが、秀吉はこれをどうやって実現しようと考えたのであろうか。

結論からいえば、その実現の鍵を握っていたのが石高制に基づく土地政策であり、前提としての太閤検地だったということになる。くしくも、太閤検地と時期を同じくして、中国でも財政再建のために全国的な土地丈量（検地）が行われているが［岸本］、これらも対外関係を背景とした「分割と囲い込み」のあらわれかもしれない（未検証）。

†秀吉による領知権と所有権の分離

信長が一部の家臣に領国の自由裁量を委ねる全権を与えた（これを一色進退という）のとは対照的に、秀吉は、領知権すなわち貢租収納権（＝年貢を取る権利）と所有権（＝土地を処分する権利）を分離し、領主には前者を、百姓（ここでは農民を指す）には後者を与えた。すなわち、土地をめぐる公法上の権利と私法上の権利を分離させたのである。「領知」という言葉は中世にはすでに存在していたが、秀吉は、自覚的に、貢租収納権という意味に限定してこの言葉を使っていることがわかる。領主・地頭には「石高」が与えられるのであって、土地（の処分権）が与えられるわけではない。これが「石高制」たるゆえんである［双川］。つまり、信長時代までの領主的土地所有は解体を迫られたのである（この転換が村請制の出現によって可能になったことについては後述する）。

これ以降の「領主」は、一時的な領知権の保持者という意味になった。「一時的な」というのは、領知は「当座之儀」であり、それゆえ相続の対象と考えられていなかったからであるが、この点についても後述する。そして、土地所有に基づかない権力を「領主」と呼べるかという問題もあるが、本書では、当面、通例にならっておく。

また、領知権は単に貢租収納権にとどまらず、古来の伝統によって仕置権（立法・司法・行政権）をともなったものと解されたため、この時期の国家は統一国家ではなく、統合国家であるという見方もある［石井②］。しかし、それは結果的にそうなったのであって、秀吉の構想に内在していえば、次に述べるように、各地の領主の権限をそぎ、やはり天下統一を目指していたということは疑いない。

なぜ領知権と所有権の分離が採用されたかといえば、全国の領主を交換可能な「石高制官僚」にし、彼らが土着して地域権力にならないよう、数年ごとに配置転換するためであった。その後――といっても約三〇〇年後であるが――、明治期に入って内務省が官選知事を地方に派遣し数年ごとに交代させるようになったが、こうした異邦人支配の方法を考案したのが秀吉であった。すなわち、各地域に根ざして勢力を拡大してきた豪族をいったん「根無し」にした上で別の場所に「鉢植え」にしていくというのがその方法であったが、そのためには、まず、土地を天下人のものと認定し、次に、支配させる領域を決定し、しかるのちにそれらを領主たちに分担（＝領知）させるという手順が必要であった。

他方で、百姓に所有権を与えるというのは英断で、この時期、西洋諸国には例をみないと思われる(後述)。所有権は、当時の言葉で「所持」といったが、中世にはもっぱら動産の権利として用いられていたこの言葉がやがて土地にも用いられるようになったことは、この時期に土地をめぐる私的所有が発達したことを反映している。また、領知権が領主としての義務の忠実な履行を条件として一生間だけ与えられるのに対し、「所持」は相続されたという意味でも所有権に比肩する内実を有していた[石井②]。こうした百姓優遇の背景には、戦乱や凶作のために、田畑を捨て、武家の奉公人になるなど、農民の都市流入が急増しており、離農・離村対策が急務となっていた事実もあったはずである[藤木②]。そして、土地を安堵し平和をもたらすことは、再生産を確実ならしめ、支配を安定させることにもつながると考えられた。

†太閤検地における度量衡の統一

次に、各地の石高を測るための太閤検地がどのように実施されたかについて、越前国・加賀国江沼(えぬま)郡の検地の際に出された秀吉の朱印状――秀吉が最晩年に発した太閤検地の集大成というべき検地条目[藤田③]――を手がかりに、簡単に振り返っておきたい。

検地や石高制の導入にあたって重要なことは、度量衡の統一である。地域によって量の基準が異なっていては、全国に石高制のローラーをかける意味はないし、竿入れ(測量)

するにしても、間尺が統一されていなければ面積の比較もできないからである。

量制の統一とそれに対する抵抗についても長い歴史があった。集権化のためには公定枡の設定と計量法の統一が必須であるが、一方で、諸侯の割拠や職権の分化による権力分散が起こると私枡化や、斗概や枡への「繰込み」、さらには不規則累進（六合を一升とするなど）が横行し、量制の混乱が発生した。出納の際に、「納枡」と「払枡」が使い分けられた例もある。他方では、室町中期以降、商業の振興や商業圏の拡大によって基準枡（京枡）への統合傾向が見られた。後者（商圏拡大・集権化）の延長線上に信長・秀吉による量制の全国統一と公定枡の出現をみるのである［寶月］。いつでも、どこでも、誰でも統一して利用可能な共通のモノサシの創出は、近代社会成立の前提であった。

そういう事情で、まずは、検地に用いる間竿が曲尺の六尺三寸に統一された。これは、信長が加賀・能登の検地の際に使った基準を引き継いだものである。また、一反（史料では「一段」）は、従来の三六〇歩から三〇〇歩（五間六十間）に改められた。こうした、長さと累進規則の統一により、面積の比較が可能になった。同様に、枡を京枡（京判）に統一し、以前の規格の枡についてはすべて取り上げるよう指示されている。そして、検地帳の記載基準（地目、地位、年貢負担者）が決定された。さらに、土地の生産力を査定し、上中下の等級別に斗代を設定し（石盛）、これに反別（面積）を乗じて石高表示することとされた。

これらは各地の検地条目に記載され、順次実施されていく。実施範囲の拡大にともなって基準が統一されていき、徐々に従来の検地帳が更新されていくことになった。

†石高とは何か

次に、「石高」についてである。石高はさまざまな議論の出発点になるから、本来、その定義については正確に見極める必要があると思われる。

石高とは、米生産高に換算された田畑屋敷等の課税基準を指すというのが一般的な定義ではあるが、この点を自覚的に追究された木越隆三氏のご教示によれば、信長時代の北陸検地においては、反別に統一斗代（＝一石五斗）を乗じ、さらにここから荒引き、損免引き、寄進地の高免除、寺社・長百姓の扶持高（ふちだか）の控除などを経て石高を決定したという。つまり、この時点の石高は「年貢高」を指していたと考えられる。領知という言葉は「元来収益の事実を示す言葉であった」というから［石井②］、当初の「石高」は、広く年貢高を意味していた可能性がある。

ところが、加賀藩の場合、秀吉時代になると再検地が繰り返され、実態を無視した一律の検地打出によって村高が強引に引き上げられた。一五九一（天正一九）年の御前帳（ごぜんちょう）徴収が検地高拡大の契機となって、政治的に決定された領知高の性格を強めていく。それにともない、石高は、年貢高としての意味を失い、米生産高という意味に近づいていく。同時に、当初は「免除率」を意味した「免」という言葉も、検地高から年貢量を導出するための「年貢率」を意味するように変化した。このように、加賀藩では時期によって「石高」の意味が大きく変化していった、というのが木越氏の結論である。

同様に、萩藩でも天正惣国検地の際には年貢高を指していた石高が、慶長検地を通じて寛永検地に至る過程で、生産高（ただし、実際の生産高ではなく、年貢高から逆算〔仮構〕したもの）を指す言葉へと転換したという［田中②］。また、徳川の支配地のように、実際に集めた年貢高を元に年貢率（四割）の逆数（四分の一〇）を乗じて石高を割り出しているような場合もある。つまり、この場合、年貢を二〇万石収納できる支配地は、五〇万石の石高ということになる。当然、ここでいう石高は、年貢の目標額から逆算された仮構のものではあっても「米生産高」という意味合いになるだろう。

それに対して、秋田藩のように幕藩体制期を通じて石高が年貢高（原則的年貢籾）を意味していたと考えられる地域もある。さらに重要なのは、石高が生産高を指す場合でも、年貢高を指す場合でも、籾と玄米（物成）とではまったく意味が異なるという点である。籾は、玄米にすると五～六割にまで質量が減るからである。秋田藩の場合、「免」（＝三・五～七・五）を「定免」（＝六）で除して当高（貢納籾高）を決定していた。よって、当高が石高を上回ることもある。ただし、籾摺り歩合は〇・六、定免は六と決められていたので、貢納玄米を計算する際には、石高（原則的年貢籾）×（免／10）＝物成（貢納玄米）となり、免＝年貢割合（免が五なら五割、七なら七割）となる［菊地②］。

そういった意味で、石高という言葉が何を指しているか（年貢高なのか生産高なのか、玄米なのか籾なのか、等々）については、地域、領主、時期等々ごとに、ていねいに検討する必要がある。そして、その内容によっては、石高制に基づく貢租徴収が「財産に対する課税」［石井①］にもなれば、「所得に対する課税」［菊地②］にもなりうる。

一見すると、石高の意味が地域、領主、時期ごとに異なっては公平性が保てないように思われるが、実際の貢租収納は、石高をベースにしつつも、各地の徴租法（免率、籾摺り歩合、その他）を併用することによって一定程度には平均化されていたと考えられるため、石高だけではなく、併せて適用される徴租法の検討もまた必要になるはずである。石高の問題については、追って第二章3でも再度言及することにしたい。

†「村切り」による村境確定構想

さて、太閤検地は、先述のように、村の再編をともなって実施された。というのは、村をユニットとした支配が想定されたためである。検地帳が「村を単位として作成され、村高が測定されたので、それを、郡→国と集計することが可能になり、秀吉以降、各大名は、××万石を領地とする大名となり、石高順のハイアラーキーが出来る」というわけである〔速水〕。もっとも、石高の定義次第では、このハイアラーキーも疑わしいものになるが。

村の境界を定め，村落の範囲を確定させ、同時に，それまで錯綜していた集落と耕地の関係を整理し，耕地を集落周辺に集中させた。これを「村切り」と称した。そして、村が貢租を請ける体制を「村請制（むらうけせい）」と呼ぶ。村請制自体は、一五世紀後半頃から畿内を中心に富農と耕作農民からなる惣村（そうそん）が形成され、事前に契約した年貢の納付と引き換えに土地の安堵を認められていった事実があり、これを前提として制度設計したものであろう。

村切りという言葉が象徴しているように、このときに領域としての村（空間としての村）が意識されるようになる。領地や村の「境界」という観念は古くから存在していた。しかし、それは領地や村が隣接している部分に関する限りの話で、一般的に村が「一円的」な、境界で囲まれた土地としてイメージされていたわけではなかった。それに対して秀吉は、村切りによって区画された「領域としての村」をユニットとして、支配を実質化しようとしたのである。だから、秀吉の実施した検地は、牓示（ぼうじ）打ちによる村の四至の確定から始まった（これは、耕作者より土地の方を管理するという、荘園経営に着想を得たものと思われる）。

秀吉が、先述の朱印状のなかで、田畠が入り組まないように隣郷の検地奉行と相談しつつ村の境界を画定せよ（村切傍〔牓〕示ヲ立、田畠不入組様、隣郷之上使令相談可相究候事）と指示している点は重要である［渡辺③、藤田③］。なぜなら、このときに「空間としての村」を創出し、「土地を通じた支配」の実現を構想していたことの証明になるからである。つまり、既存の村の土地を組み替えることも含みで「村切り」と呼ばれたのであり、村切りによる村が「属人的にではなく属地主義的なかたちで創出された」［水本］とされるゆえんでもある。また、竿入れによって実際に反別（面積）を測量し石高を算定しようとしたという点でも画期的であった。竿打は現地の百姓らに頼らず自前で行い、金銭・物・酒肴・菓子など一切受け取らず「依怙ひいき」するなと注意書きしている点にも秀吉の意気込みが感じられる。

†土地の実態把握の限界

とはいえ、これが必ずしも実質化しなかったのは次の事実が示すとおりである。石高は基本的には生産物の量を表現する単位であって、元来、面積を表現する単位ではなかった。貢租徴収のための調査なので、面積ではなく量が重視されたのは理解できるが、地域によっては、検地の際に、年貢の収納目標量を村々に割り当てているふしがあることからしても、検地が土地の実態把握を達成できていたとは考えにくい。そのため、村境を決め、村の領域を確定することも検地の重要な目的だったはずであるが、実際にはこれがあまり追求されなかったであろうことは、その後の境界紛争の多さからも推察される［石井①］。

事実、検地帳にも反別の記載を欠き石高のみのものがみられるし［木村］、上田、中田、下田……といった田畑の品位表示のない検地帳もみられる（沢海藩検地帳など）。また、「荒分」の記載を欠くものもあるなど、百姓指出を前提とした検地であったことを想定させるものも多い。さらに、先述のように反別に一律斗代を乗じている例（意味合いとしては、品位表示がないのと同然）もある点からすれば、現実には生産高の掌握すらも目指していなかった可能性がある［木越］。

検地帳の日付は、地域ごとにまとまっているのが通例だが、短時間のうちに領内の津々浦々をくまなく検地して歩いたとも考えにくく、実態は、村々――ここでは既存の「人間集団としての村」を指す――との交渉のなかで検地帳がまとめられていったということであったろう。考えてみれば、村請制とはそもそも村を「一色進退の地」から「起請符の地」に変更し、領主と村の契約に基づいて「領主による個々の百姓に対する直接支配」を無用化するものであったから、個別的な実検を不要とするシステムだったのである［勝俣］。

検地帳において、村高を（部分的にであれ）名請人に均等負担させている例もしばしば見受けられるが、これは「村で独自に高の割付が決定できたことの証左になる」という［渡辺③」。現場では村々との交渉のなかで石高が決定されるのだから、実際の収量を詮索することは無用であるばかりか、村々との良好な関係を損ねるものでもあったろう。だから、当時の村切りや検地が、村々の境界を画定し、当初の目的のように領域としての村を創出しえたかといえば、この点は疑わしい。また、竿入れによる検地・丈量も徹底したとは思われない。

村々との交渉で石高が決定されるとすれば、負担の不公平は避けられないから、公平性を担保するために「実検に基づいて石盛と反別から石高を把握する」という意思表示をしたというあたりが実情ではなかったか。これらの課題（領域的な村の確立や竿入れによる検地・丈量）の最終的な実現は、やはり明治期の地租改正や地押調査が終了し、町村の大合併を経て市制町村制が施行される頃を待たなければならなかったのである。

もっとも、検地帳の百姓指出は、現地の村々が検地やそれに基づく貢租負担を受け入れることの意思表示であり、課税同意の性格をも含んでいるから、実態把握の限界という面からのみこれを評価するのは、正当ではないだろう。秀吉が検地の際に起請文という形で村々から誓約状を提出させているのもやはり百姓の同意を重視していたことを示しており、支配とその安定について考えさせる、重要な内容を含んでいると思われる。

†各地の旧慣の整理と独自ルール撤廃

一点付記すれば、石高制の特徴は、米以外のものも石高に換算したということにある。したがって、畑はもちろん、耕地をもたない漁村や、商取引で成り立っている湊町、そして屋敷にも「石高」が設定された。つまり、石高は土地を測るという面だけでなく、課税標準としての意味があり、こちらが重視されていったということである（先述のように、石高と実際の課税の関係も地域や時代によって徴租法が多様なので単純ではないが、これ以上立ち入らない）。そして、米以外の産物にとどまらず商取引までも石高に換算することが可能であった背景には貨幣経済がすでに浸透していたという事実があった。中世にすでに貫高や永高という銭貨の単位で村高を表現する方法が採用されていたこともそれを裏づけるであろう。

度量衡の統一と並んで、各地で通用していた旧慣が整理され、各地に存在した「独自ルール」も撤廃が求められた。年貢徴収の手数料（口米）も「一石あたり二升」に統一され、中間搾取は厳しく制限された。ルールの一元化もまた配置転換の前提になる（ルールを機械的に適用すること＝人間を「機械」にすること）からである。こうした、全国的な平等取扱原則を秀吉は「平均」と呼んだ。「平等化」が中間層の既得権剥奪を意味するのも、古今を問わぬ現実であろう。

ただし、その後も中間得分が収取されていた例は広く見受けられるし、能登の時国家のように、一家が村のほぼ全額の貢租負担を請け負い、下人に耕作させたという例もある。これらが政策の不徹底なのか、その後の揺り戻しなのかについては個別に検証する必要がありそうだが、領主が在地に対して不干渉・無関心で、村側が年貢高さえ負担していれば土地や作人を正確に掌握しようという意図をもたなかったのだとすれば〔渡辺③〕、中間得分の規制や独自ルール撤廃についても指針ないし努力目標としての意味にとどまったのだという見方もできる。

上述の太閤検地や、所有権と領知権の分離、貫高・永高から石高への変更などの諸施策は、秀吉の勢力拡大とともにその適用範囲を徐々に広げていったが、秀吉構想に対する抵抗も少なくはなかった。伊達政宗は終生「領知」という言葉を使用しなかったし、正宗の死後、領知を認めるようになった後も、仙台藩は中世以来の貫高という単位を使用しつづけた〔双川〕。同様に貫高を利用しつづけた例は、九州、関東西部山間地、東北地方などに広くみられる〔佐藤〕。秀吉にとって統一ルールの導入は、中間権力の影響力をいかに排除し「地方経営」するかという支配技術の問題であったとしても、他の領主からすれば領国経営に対する介入にほかならなかったからである。

†身分制的規制としての刀狩り

検地と並んで教科書に出てくるのは刀狩りである。刀狩りは武具の没収、すなわち百姓の武装解除を意味した。当時、刀と脇指(わきざし)を帯びることは、百姓も含め成人の標識であり、自力救済能力の標識でもあった。刀狩りはこの通念に介入したのである。もっとも、その重点は「現物の収公」よりは「日常的な使用を凍結すること」にあり、免許制などの形で、少なくない武具が村々に残された。それゆえ、「刀を武士の身分標識として独占すること」、逆にいえば、百姓の武装権を凍結することがその目的であったともいわれる〔藤木①〕。それでも、どこまで徹底したかはともかく、百姓による刀の日常的使用を禁じ、彼らが徒党化し地域権力に転化するのを防ぐことが、その後、結果的に治安維持のためにも寄与したことは事実であろう。先述のように、大名間でも村々の間でも実力行使は禁止されていたわけである。

ともあれ、ここで大切なのは、帯刀を認められた武士も抜刀を極力回避したし、幕府以下、治者もまた体制として武力行使を回避しようとしたということである。つまり、治者・被治者ともに鉄砲も含め武具を多く保有していたし、(平和目的で)日常的に使用してもいたが、一揆などの暴動の際には、これに参加する側も、これを鎮圧する側も、その使用を最後まで自制したということである。だから、鉄砲や刀を取り上げられていたから平和だったのではなく、人々は平和維持のためにそれらを使用しなかったのであり、少なくとも天保期までは、そのような社会的合意が成立していたといえる［水谷①］。

「身分制的規制としての刀狩り」の意図は、武士とその他の者を分離（いわゆる兵農分離）し、武士、町人、百姓という身分（職分）ごとに人々を編成することにあった。武士（家臣団）は城下に集住させた――これは、領国内に割拠する国人領主が地域権力として反乱を起こさないようにするため、戦国時代にすでに進行していた実践を採り入れたものである――。そして、都市を成り立たせるため、職人・商人を城下に集めた（町人）。それ以外の者は、地付きの百姓とし、先述のように土地の所有権を与えこれを安堵した。さらに、人掃令（ひとばらいれい）を出して身分間・職業間の移動を禁じ、身分ごとに家数帳（いえかず）・人数帳（ひとかず）の作成を命じた。

それらが、先述の検地帳や国郡絵図の作成と同時に行われたのは、天下における人と土地の支配を統一的に行おうという考えのあらわれであり、あらゆる人々を役（やく）の体系に位置づけ、石高制に基づいて統一的に組織しようと考えたことは、「日本国家における国家と国民の関係の体質的原型」を形成するものであったと評されている［勝俣］。

近年強調されているのは、武士と奉公人の峻別である［高木］。城下に集められたのは家臣となる土豪（＝士）であって、村々にはその後も多くの地侍（＝兵）が残ったという。先述のように少なくない武具が村々に残されたのはそのためもあったろう。たしかに、村々が丸腰のまま城下から分離されては治安上も問題を残すわけで、政策の上でも、実態の上でも「士農分離」と呼んだ方が正確かもしれない〔塚本〕。

†領主以下の「土地からの切断」

領主には領知権のみを認め（先述）、論功行賞により石高に基づいて一定期間ごとに配置転換することとした。領知替えの際に、領主は家臣団を連れて次の支配地に赴き、百姓は当該地にとどまり次の領主の支配を受けるという関係になる（領主に随行せず、帰農した家臣もあった）。秀吉が一五八七（天正一五）年六月に発した複数の伴天連関係文書において、知行（ちぎょう）は「当座之儀」であって、給人（きゅうにん）は替わっても、百姓は替わらないものだと書かれているのは、このことをいっているのである〔名古屋市博物館①〕。後年の、「慶安御触書（けいあんのおふれがき）」と伝えられる文書にも同様の表現があり、支配替え等による境界紛争の際にこの観念が引用され、「百姓の公儀提訴権」を支える要件となったことも知られている〔藤木①〕。

ただし、こちらについても徹底しない面があって、領主以下の「土地からの切断」という点に関しては、土佐国、肥後国などで下級武士が荒蕪地の開拓権限を与えられ、彼らが百姓を動員して新田開発を行った例がある。土佐国の場合は、豪族の末裔を郷士（ごうし）に取り立て、彼らに新田開発をさせ、開発地を彼らの知行地としている。地方知行の一類型といえなくもないが、開発の経緯からして郷士の「私有地」の様相を呈し、明治期の地租改正の際に一物一権主義を阻むことになった点からすれば、領知権と所有権を分離するという目標から逸脱したものであったといえよう。

さて、土地から切り離された家臣団は、領主に雇われなければ生活できない（このことを、のちの思想家・荻生徂徠は「旅宿の境界」と形容した）。とすれば、領主としても家臣団を際限なく抱えることはできなくなるため「士農分離」は、必然的に兵力への規制になった。領主・家臣団を百姓からも土地からも切り離し、領主を鉢植えにして、結果的に軍備の制限を図ることによって、天下人の支配を永続化することが構想されたのである。

このようにして、村請制・石高制の導入、役の体系に基づく人々の組織と域内における掠奪・殺戮の全面的違法化等々が制度化されていった。村との関連でいえば、惣無事は、自衛集団としての村を解体し、村を再生産のための組織とするべく、百姓を戦闘から「自由」にした面がある。その意味でも近代化に相違なかった。

上記の方策によって、曲がりなりにも集権的統一国家の体裁が整い、近代化が進行していくものと考えられた。

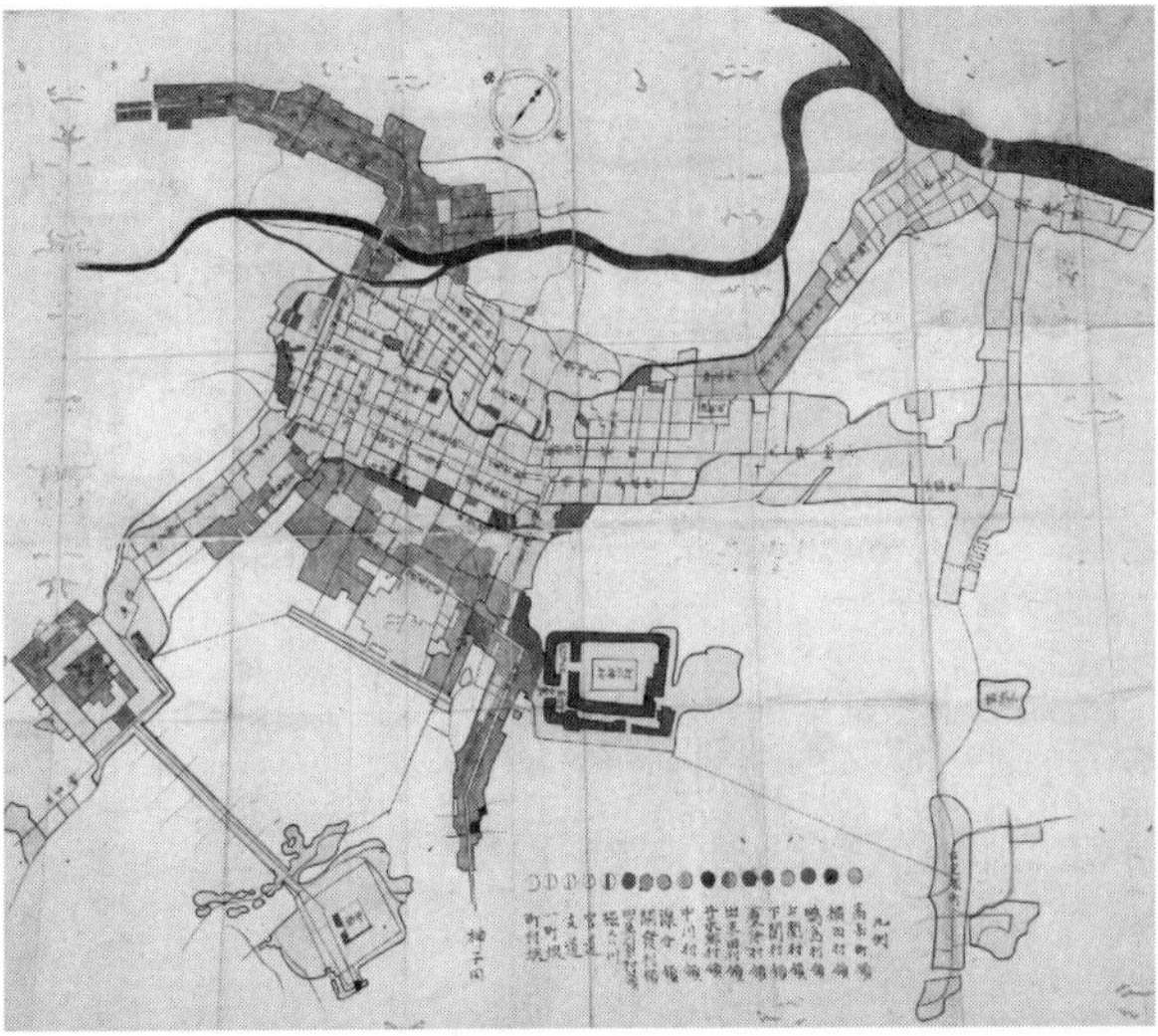

第二章

村の変貌と多様化
——幕藩体制期

「高岡町絵図」(明治前期に作成されたもの。高岡市立博物館所蔵。薄い灰色の部分が高岡町の土地で、濃い灰色の部分が「相対請地」である)

1　幕藩体制下での権力分散化の進行

†家康による「偃武」

天下統一を争った秀吉や家康の死は、集権的統一国家づくりという点では、思わぬ停滞をもたらしたようにみえる。先述のように、古来の伝統により、結果的には領知権が仕置権をともなうものと解されたこともあって、将軍は諸大名を統轄したものの、大名の家臣や領民については直接には支配しない形になった。また、対外関係の変化が権力分散の余地を生んだのかもしれないが、結論からいえば、その後の権力分散と現状追認の連鎖によって徳川幕府支配下の日本は、徐々に三〇〇諸侯の領邦国家に近づいていく。すなわち、最終的に幕府は、全国の領主を石高制官僚として処遇することに失敗するのである。

小田原攻めの後、秀吉の命によって江戸入りしていた家康であったが、関ヶ原の戦いに勝利したのち、一六〇三（慶長八）年に征夷大将軍の宣下を受け江戸に幕府を開いた。

西軍から没収した領地は六〇〇万石を超え、それを受けて家康は大胆な領主の配置転換を実施した。戦功のあった者らには加増し、東海道や畿内には新たに譜代大名・旗本を配置して、外様（とざま）は周縁部に配置した。このときに家康が配置転換を実施しえたという事実は、家康が「天下人である」ということの証明になり、同時に、諸大名は「幕府の官僚たる色彩」を帯びた存在とみなされた〔石井①〕。だから、今や一大名にすぎない豊臣が「太閤の御恩」を振りかざしたところで、各地の領主は「主君」としての家康に刃向かうことはできなかったのである。

征夷大将軍の受諾は、朝廷の威を借りたようにもみえるが、昨今では、その後の禁中（きんちゅう）並（ならびに）公家諸法度（くげしょはっと）もふくめ、「戦国時代末期に解体に瀕していた朝廷と公家の秩序を再確立し〔中略〕支配の一翼を担わせるため、体制に適合的な天皇と朝廷に再編し、その存続と機能の維持を図ったもの」と解されている〔藤田①〕。一六〇五年には将軍職を三男秀忠に譲り、世襲による徳川の永久政権を世にアピールした。幕府の命に服さない豊臣を征討した大坂の陣では、残存した対抗勢力を一掃し、集権化はここに極まったようにみえた。事実、島原での戦闘を例外として、対内的には「天下布武」が実現されたといえる（これは元和偃武（げんなえんぶ）と呼ばれる）。そのことは、信長から秀吉、家康に至る平準化策が功を奏したということであったろう。

ところが、それ以外の面では、家康の死後五〇年足らずのうちに、事態は逆の方向に推移しはじめる。

†転封の不実施と度量衡の混乱

秀吉構想の根幹であった「石高制に基づく配置転換」策は、安芸の毛利や薩摩の島津に代表されるように、当初から旧族居付を認めざるをえず不徹底であったが、その後も、外様の大大名は江戸から遠隔の土地で領国的支配を続け、在地性を強めていった。転封自体も寛永年間と元禄年間に譜代・親藩を中心にピークを見せるものの、幕藩体制中期以降にはほとんど行われなくなり〔藤野〕、全国の領主を交換可能な「石高制官僚」にするという構想は、現実の前に挫折していった（図5参照）。もっとも、「挫折」とは秀吉構想に照らした評価であって、末期養子制緩和などをみれば、幕府の方針自体が変わったともいえる。

転封が行われなければ、領主は支配地（＝任地）に愛着や関心を持つようになるし、そもそも「任地」という感覚自体を喪失させていくであろう。やがては、領内の支配も、領民との関係も、転封が行われないことを前提として構築されるようになる。こうして、領知権も事実上、相続されるものに変質していったのである。

転封が行われなくなっただけではなく、その頃から各種の権力分散化もまた進行していった。徳川幕府は、一六四九（慶安二）年に、早くも検地尺の一間を曲尺の六尺一分（一分は一〇分の一寸）に改めた。つまり、「太閤検地以前の検地について、太閤検地の際の検地

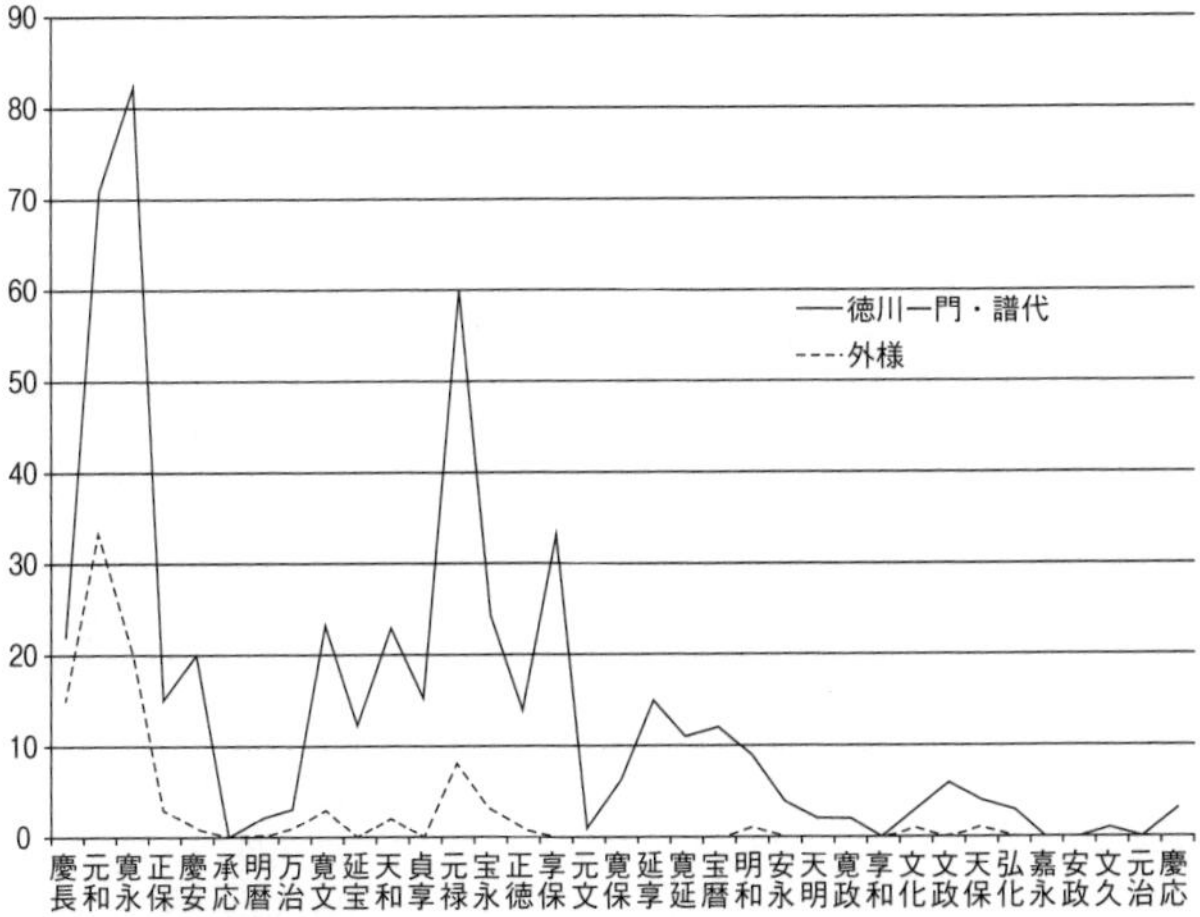

図5　大名の転封数の推移

出典：日比佳代子「転封実現過程に関する基礎的考察」『明治大学博物館研究報告書』第16号、2011年、p.11から引用。

尺で上書きしていく」という従来の方針を放擲（ほうてき）し、新しい検地尺を導入したのである。その結果、これ以降は、古検（曲尺六尺五寸）、中検（六尺三寸＝太閤検地）、新検（六尺一分）と呼ばれる検地（検地帳）が併存することになった。

また、各地の検地では、領主によってさまざまな間尺が導入され、耕地、屋敷地、山林、道路で異なった間尺を利用した例や、イレギュラーな測量法とも相まって、一間の長さが多様化した。秋田藩では、六尺五寸（＝古検の間尺）を一間とする二間竿（一三尺）を用い、竿を打つ際に一足歩き、腰の高さから竿端を地面に落とす「越足（えっそく）〔こしあし〕の法」によって一間七尺見当で検地を行っていたため、一反が四〇八歩となった［佐藤、菊地②］。さらに、太閤検地の際、三〇〇歩を一反に統一したものが、その徹底を待たず（たとえば、越中国や新発田藩などは三六〇歩＝一反のまま推移した）、地方によって一反が二五〇歩、三六〇歩、四二〇歩になるなど、不規則累進が広がった。

同じ地域のなかでも、新たな原則を新開の田畑のみに及ぼし、既存の田畑には適用しない例もあり、時期が下るにしたがって、土地の一元的な実態把握から遠ざかっていった。これがどういう問題を引き起こすかといえば、古検による三〇反は新検によれば約三五反になるということであり、しかも、不規則累進によってそれが何歩になるかも地域ごとに変わってくるという具合である。

さらに、測量結果を検地帳に記載する段階でも、地域によって畦畔際を切り捨てたり（一筆が不自然に小さい、あるいは不整形な田畑があるのはそのためであろう）、「縄心」を加えるための係数を乗じたり、検地帳と実際の面積が一致しないという問題もあった。そのことは、もちろん現場の当事者は承知しており、たとえば松江藩では、実際の反別を「詰畝」、検地帳の反別を「公畝」と区別していた［佐藤］。これは、定められた量の貢租収納が達成されれば、土地の実態把握は二の次とされた事実をも示すものであり、石高制の生んだ特徴の一つといえる。こうした陰で、半ば公認で土地の把握を免れて多くの耕地が開発されていくという事態も出現するのであるが、この問題については後述する。

量制の局面でもまた混乱が発生した。幕府の発足から間もないうちに、江戸の京枡が旧来の量を守ったのに対し、京都の京枡は増量し、両者で一升の量が異なるという事態が発生した。そのため、江戸の京枡を「江戸枡」と通称するようになり、公定枡が東西に併存した。これが不便をきたし、一六六九（寛文九）年、幕府は京都・大坂の経済的影響力をふまえ、江戸枡座にも京枡の使用を命じ（新京枡）、枡座による枡の統制を強化した。つまり幕府は、原則の方を放棄し、「上方」の現状を追認する方針を採ったのである。

他方で、幕府の量制統一志向とは裏腹に、一部の地域では、その後も「国枡」などと称される、その地域独自の枡が用いられた（肥前国佐賀や甲斐国、陸奥国盛岡など）。幕府は、枡座の認可しない独自の枡を流通させないよう枡改めを実施したが、これに対する抵抗も高田藩、松本藩、岡山藩、徳島藩など各地でみられた。「藩枡を廃止して、江戸枡座の新京枡を採用することは、まさに領主にとって屈辱」だというわけである〔寶月〕。当然、枡の拡大は年貢増徴につながり、百姓からの苦情も出された。さらに『地方凡例録 下巻』には「予州・勢州には六合を一升とする枡もある由」という記載もあり、枡の不統一ばかりでなく不規則累進もまた出現したようである。こうして、統一に向かっていたはずの度量衡は、家康の死後半世紀を待たずに分散化の傾向をみせた。

†権力の分散化とその指標

そして、幕府は比較的早い段階から藩札の発行を容認している。すでに一六一〇（慶長一五）年頃から山田羽書と呼ばれる紙幣があり、伊勢や摂津・和泉では別の私札が流通していたことも知られている（いずれも兌換対象は銀）。これらの私札は、寛永通宝が出回る寛文期（一六六一～一六七三年）には山田羽書を除きほぼ姿を消したというが、代わって一六三〇年頃から畿内・西国を中心に藩札の発行が始まっている。幕府は、一七〇七（宝永四）年に藩札の使用を禁止するが、その頃には五〇以上の藩で藩札が発行されていた。一七三〇（享保一五）年、幕府は貨幣改鋳のため起こった銭詰まりによる不況への対策として藩札の発行を解禁したが、一七五九（宝暦九）年には再び新規発行を禁止する。それでも、一八四二（天保一三）年に行われた幕府による調査では、少なくとも銀札を発行している藩・旗本領・地域が六四、米札を発行している藩が六あって（金札、銭札については無記載）、発行制限は守られていなかった。

後年の明治政府による廃藩置県の際の調査では、届け出があったものだけでも、二四四の藩、一四の代官所、九の旗本領で藩札――に類するものも含めて――が発行されていたという（すでに廃止されていた藩はこの数に含まない）。藩札が天保期以降に激増したことも示唆される。もっとも、この時期に幕府も品位の低い貨幣への改鋳を進めているので（後述）、お互い様という面はあった。

藩札の専一通用の場合であれ、正貨との混合通用の場合であれ、正貨の通用を制限するという点は疑いがない。また、藩が直接藩札を発行していたか、御用商人・御用両替商などが発行していたかという相違はあるものの、藩札発行が藩専売の進行と軌を一にしている例などからみても、藩札は、表向きには藩が信用を担保するもので、藩の自立性を表現したものであるといえる［村田］。産業振興にともなって、御用商人・御用両替商も藩・領主と深く結びついていき、商人・両替商が発行する場合であっても、領内に藩札が流通し、領民がこれを利用している以上、転封が行われると困るという本末転倒の事態が出現することになる。

また、関所や湊で物品輸出入の際に口銭（こうせん）を徴収している例も見受けられる。地域によって金額や料率が異なる点や、藩財政に入る場合と地元に入る場合とがある点などからすると、幕府が一律に指示を出していたとも思われないし、こうした関税もまた信長や秀吉が「天下統一」のなかで、撤廃を進めていたものであった。実際、寛永の武家諸法度（一六三五年の改正）では禁止されているのであるが、こちらも廃藩置県の頃に関所や口銭を廃止する通達が相次いでいることから、これらがその時期まで残存し続けた事実を知りうるのである。一八世紀に全国的に進行する殖産興業とそれに付随した流通の急速な拡大による市場の全国化が、かえって藩を基盤とした経済体制の重要性を認識させたように見受けられる。

以上に述べてきた、度量衡の混乱、藩札の発行、関所での口銭徴収など、これらはすべて権力の分散化傾向を示すものである。度量衡の混乱や独自の貨幣の流通が、転封を実施しない原因となったのか、逆に、転封が行われなかった結果なのかは判然としないが、双方の間に深い相関のあることは明らかであり、時代が下るとともに権力分散化は進行し、転封は実施されなくなる。

これも権力分散化と関連すると思われるが、村もまた地域によって多様な性格を帯びるようになる。石高制と村請制は、村が決められた石高を、決められた方法で供出することを定めたにとどまり、その余のことは比較的融通無碍に認められていたからである。しかも、その石高は、先述のように課税標準としての意味しか持たなかった。そして、秀吉の忌み嫌った、地域の「独自ルール」もまた、各地において運上(うんじょう)・冥加(みょうが)等諸雑税や、各種の特例、徴税の際の取り決めなどの形で復活していく。こうした権力分散化の実情も、明治改元後、集権化のなかで明らかになっていった(後述)。

さきに域内における掠奪と殺戮の全面的違法化と書いたが、幕藩体制下で「敵討(かたきうち)」という形での自力救済が武士から庶民まで広くみられ、幕府もこれを容認していたようである。復讐が禁止されるのは一八八〇（明治一三）年刑法である〔日本史弦究会〕。ほかにも召使や従者への譴責（けんせき）・懲戒のための殺傷が広く行われたという〔塚本〕。これらも度量衡の混乱と同様、幕藩体制下で復活したものなのか、法慣習として残存したものなのかは判然としないが、「掠奪と殺戮の全面的違法化」の不徹底であるといえる。

†相対的安定期の到来とその背景

上記の権力分散化の条件として、対外関係の変化を考慮する必要はあるだろう。家康が朱印船貿易を背景に交易を拡大させ、その陰で海外在留邦人も増加したことは先述した。しかし、一六二八年に朱印船がシャム湾にてスペイン船によって焼き討ちに遭い、朱印状が奪われるに及んで、幕府はこれを奉書船に切り替え、やがてそれも廃止してしまう。つまり、外交関係を含んだ「通信」を停止し、「通商」に限定し、さらにその相手国を制限していったのである。幕府は直轄の交易を長崎（中国貿易）に限定し、それ以外は、対馬藩（朝鮮貿易）、松前藩（蝦夷地貿易）、薩摩藩（琉球貿易）に委任していくことになる。

のちに幕府を脅かすことになる薩摩藩の蓄財などに照らせば、これらも権力分散化の面をもったといえる。もっとも、いずれの場所でも、いきさつはともかくそれ以前から交易は続けられていたので、交易の窓口を上記の箇所に制限し、手順を詳細に決め、厳密に管理するようになったという意味合いになろう。

長崎の場合、当初、ポルトガル、スペイン、イギリス、オランダの間でのせめぎ合いはあったが、そもそも主要な輸入物資は中国産の生糸や絹織物であったから、運搬はいずれの国でも大差はないと考えられた。朱印船廃止に先立ち、すでに一六二三年にイギリスが撤退し、翌年にスペイン船が渡航を禁じられていた。やがて島原の戦いや、ポルトガル船の渡航禁止を経て、最終的に「布教」問題の少ないオランダに決した。中国の私商船もこれに加わった。とはいえ、貿易窓口の限定は、西国大名による自由貿易を制限し、幕府がこれを統制するものであったから、こちらは単なる権力分散化でもない面はあった。それでも、抜荷(ぬけに)(密貿易)も少なからずあり、厳密な管理にも自ずと限界があった。

中国(明)でも、一七世紀になると、辺縁部において、互恵的・互酬的な商取引に対して徴税を行うことで国家間の(とりわけ儀礼的な)接触を最小限に留めようとするという意味での「互市(ごし)」に基づく貿易が一般化していったといわれる[岩井]。

当時の東アジアでは、日本や中国だけでなく、琉球、朝鮮もまた類似の海禁策を採り、私的な出入国を管理することで国際関係を管理・統制下に置いた(表1)。これらのネットワークが国家間の矛盾を調整しながら東アジアの平和を維持したとされる[荒野]。つまり、

規定		国		
対象	内容	中国	朝鮮	日本
船隻	大きさ・構造	○	–	○
	艤装等	○	–	–
	乗組員等	○	–	–
	搭載品（軍旗、硝・硫・銅、米穀等）	○	–	–
渡航	渡航先	○	–	○
	渡航期限	○	–	○
輸出入品	輸出品	○	○	○
	輸入品	○	○	○
貿易	貿易地（港）の制限	○	○	○
	外国人居住地（施設）の設定	○	○	○
	特許貿易商人の設定（他の商人の直接貿易禁止）	○	○	○
	貿易（期間・品目・数量等）の制限	○	○	○
	定例以外の外国貿易の禁止	○	○	○
朝貢その他の使節	対象国の制限	○	○	○
	使節についての定例（貢期・人数・その他）	○	○	○
	使節船・使節一行等との貿易	○	○	○

表1　日・中・朝の「海禁」比較
荒野泰典『近世日本と東アジア』（東京大学出版会、1988年）収載。○は規定の存在を、－はとくに規定の存在しないことを示す。

「海禁」政策、交易の辺縁化、「互市」への移行は（キリスト教禁止もだが）、この時期の政策としては、日本に特殊なものではなく、アジアにおける「国際化」への対応の一つの「型」だったということである。その背景には、交易が紛争や戦闘に転化しがちなことがあり、政権から紛争や戦闘を（距離の上でも、当事者性の上でも）遠ざけようという配慮があったのだろう。とりわけ、武力を背景とした欧州諸国の来航は互市への移行を後押ししたと思われる。

また、一七世紀半ばには銀の産出が衰微し、金銀の流出を制限するため幕府が貿易を厳しく管理したこともあり、貿易相手としての日本の位置づけを低下させた面はあった。それでも、銀の輸出が禁止された一七世紀後半には銅山開発が進み、対外貿易は、決済手段を銅に変えて長崎を中心に続けられた。

その後、約一〇〇年にわたって太平洋に海賊船や私掠船が跋扈したことや、ヨーロッパやアジアが激動の時代を迎えたことも相まって、日本には、相対的にではあるが安定期（外国船に悩まされることの少ない時代）が訪れることになった。この相対的安定期に、「国内」では、先述の権力分散化とともに、貿易制限の下で以前にはアジアから輸入していた産品の自給化が進行し、他方では、次に述べるように、村をめぐるさまざまな変動が起こるのである（こちらは多少時期が先行する）。

2　都市膨張による村の蚕食

†職分による空間編制

徳川幕府も基本的には秀吉の土地政策を継承した。諸侯は、幕府によって石高に応じた土地を知行され、これを支配した。幕藩体制下においても、「士農分離」とそれに基づく士庶の棲み分けを前提に空間編制がなされた。これが、家臣団と農民の結合による地域権力化を回避するための方策であったことはすでに述べた。

支配身分である武士は、武装（帯刀）を認められる代わりに土地を奪われ、城下に集住させられた。城下に集められた職人や商人らは、町人とされた。武士・町人以外の者は、百姓として郡地すなわち村に置かれた。百姓は、土地を安堵される代わりに、武装を解除させられた。百姓は文字どおり多様な職業を含み、農民だけでなく、漁民も商人も職人も包含していた。高請し、年貢を負担する者、すなわち百姓役をつとめる者が百姓である。そして、百姓地が村であり、村方支配の民が百姓である。町人・百姓はともに身分としては庶人（平人）である。

総じて、土地は、城下では武家地、町人地、村方は百姓地、ほかに寺社地などという形で区分され、職分に応じて住む場所を決定された。そして、町人地は町方（町奉行）支配、百姓地は村方（郡奉行・代官）支配、寺社地は寺社奉行支配というように、それぞれ異なる系列で支配され、負担する役も異なっていた。そして、身分違いの土地所有も禁止された。つまり、（城下／郡地）や（町／村）という明確なゾーニングにしたがって、系列ごとに支配を実現しようと構想されたのである。

しかし、このような空間編制の理念は、当初から不徹底であった上、さらにその後の都市膨張のなかで形骸化していった。そもそも、身分的枠組が重視されたのは、それが負担する役と連動していたからだと考えられるが、やがては役負担がなされれば、枠組の遵守は二の次になっていった。「身分的周縁」と呼ばれる、上記身分に分類しきれない人々が多く存在し、幕藩体制下で、時期を追うごとにその数も割合も増えていったのも、おそらくはそのためであったろう（後述）。そのことが示すのは、村や町が人間を捕捉しきれなくなっていく事実である。

†江戸への人口流入がもたらしたもの

江戸の都市計画は一六三〇年頃（寛永期半ば）までに完成し、それまでに形成された町には古町の名誉が与えられたといわれる［柴田］。しかし、その後も江戸は「計画」を踏み越えて発展を続ける。江戸の人口は一八世紀初頭には一〇〇万人を超えたとみられ、それまでの七〇年ほどで三倍近くに膨れ上がったと考えられている。歴史人口学の分析によれば、幕藩体制下の江戸（都市）は単身者が多く、自然増の望めない「蟻地獄」の様相を呈していたというから、人口増加を支えたのは、本来、農業に専念し村に住むことを期待されていた百姓たちの、絶えざる町場への流入だったということになる。

当初は、農閑期の出稼ぎとして江戸に出て、そのまま居付いた者も多かったらしい。これらは身分違いの居住を想起させるが、江戸の繁栄は、そのまま幕府の栄華を意味したため、この流れを止めることは難しかったであろう。実際には、「農業人口が一定量保たれる限りにおいて、農民が町へ移動することを奨励している」からである［石井①］。請人（身元保証人）がいなければ江戸に奉公に出られないことになっていたが、奉公人を斡旋する口入宿があり、そこが請人になった。江戸に人口を流入させること自体がひとつの「商売」になっていたわけである。そして、住人調査の際、奉公人は主人の人別に加えられた。このときの「家」は血統主義ではなく、たとえば農民の出であっても、町人に奉公すれば町人として、武士に奉公すれば武士として扱われた。

やがて、武士の中には、町人に屋敷を貸す者や、町人地・百姓地を買って賃貸する者が現れた。武家地の屋敷を町人に貸すことについては、幕府が再三、禁令を出したにもかかわらず、最後まで実効が上がらなかった。武士は定額で世襲し、物価の騰貴にともなって石高が加増されるわけではなかったため、不動産の賃貸収入に依存することもやむをえない面があった［双川］。また、住人側からみれば、武家地には町人に対して行われていた人別改が及ばなかったため、帳簿逃れの面もあっただろう。

他方で、武士が町人地や百姓地を買うことも想定外の事態であり、当初は、町法に基づく事務処理も沽券状の名義人も「家守」（＝家主）を代理人として行われていたのであるが、諸役を町や村が請け、その土地の所有者が負担する仕組である以上、最終的には「天保の土地改革」によって、町人地なら公役の、百姓地なら貢租の負担を条件に売買が認められるようになっていった。

その際、実態に合わせて「直名前」で、つまり、本人名義であれば武士の町屋敷購入を公認するということになった。すでにそれ以前から、薩摩藩主・島津斉興は、町並抱屋敷（町並地〔＝後述〕および百姓地を屋敷地としたもの）を自身の名義で購入し、年貢・町入用をやはり自身の名義で納めていた。身分制の常識からすれば、藩主が自身の名義で年貢や町役を負担するなどということは、にわかに信じがたいが、こうした実践を追認したのが天保の土地改革であったということになる。これらは土地所有をめぐる士庶の差別が廃止され、市場化が進行していったことを示すものである［双川］。

†百姓地の蚕食

土地をめぐる変動のなかでも、とくに深刻だったのが都市化の進行による百姓地の蚕食（スプロール化）である。江戸の府内には代官支配の「村」すなわち百姓地（＝高請地）も含まれていた。百姓地であるから、当初はもちろん田畑であった。ところが、スプロール化によって、こうした田畑が宅地化されていった。時系列でいえば、百姓地が宅地化されたため江戸に編入されたという順序になる。その際、「もともと百姓地であった村が町と改称され町奉行支配に変更されて名実ともに町になった例」と、「事実上は町場になったが名目は村のままで、百姓地としての高請が残った例（町並地）」とがあった。また、武家地の不足により、百姓地に武家屋敷を抱える例（抱屋敷）も少なからず存在した。いずれにせよ、江戸の拡大は百姓地すなわち村が宅地化された結果である。

しかし、上述のような事態について見聞すると、そもそも田畑の売買は幕府によって禁止されていたはずではないか、という疑問が浮かぶ。一六四三年（寛永二〇年三月）に発せられたとされる「田畑永代売買御仕置」は、罰則も含む一見厳格な法であるが、実は、一般に公布されたかどうかは疑問とされている。また、実際の裁判でも、田地を取り上げた例も、売主が追放された例も、なくはないものの、大部分が六日〜二〇日の牢舎で済まされており、しかもそれらは、別の田畑の訴訟中に永代売と認定された結果、運悪く処罰されたものであったという［双川］。

その後、この禁令は一七四二（寛保二）年の「公事方御定書」（三〇）に引き継がれ、「隠地」の禁止とともに規定された。むろん、こちらも内部文書であり、公示されたものではない。このときに、高請のない開発新田等は売買の禁止対象から外され、刑も追放から過料（科料＝刑罰ではなく、過料＝行政処分）へと大幅に緩められた。さらに、一七四四（延享元）年六月には、大岡越前守（寺社奉行）・島長門守（町奉行）・水野対馬守（勘定奉行）の三奉行から、質地の形式で永代売買できるのだから、この仕置は廃止してもいいのではないか（相止候而も可然哉）との伺いまで出されている（徳川禁令考後聚巻一三収載）。

その上、実際の裁判では、訴えがなければ処罰されず、訴えがあった場合でも三貫文という最低額の過料で処理されていることもわかる。これらの点からして、幕府は、田畑の売買について好ましく思っていなかったという面はあるとしても、事実上これを黙認していたとみられ、しかも時代が下るにしたがってその傾向が強くなり、先述のように、天保期には「土地私有の公認と自由化政策の前進がみられる」ようになった［石井②、双川］。それゆえ、百姓地の蚕食・宅地化による町場の拡大も事実上、追認されたわけである。

†容認されていった田畑売買

明示的に田畑の売買を容認していたとみられる藩・地域（加賀藩、水戸藩、延岡藩、広島藩、出雲国や備後国、筑前国、豊前国、肥前国のそれぞれ一部など）もあったし、そうでない藩・地域もあった。さらに、時期によって対応の変わった場合や態度を曖昧にしている例もみられるが、いずれの場合であれ土地売買は一般化していたといえる。東海道では「年季質地（しっち）流（ながれ）」、東山道では「譲渡」、越前国足羽（あすわ）郡では「年季質入」、山陰道では「年限本物譲渡」などという名目で事実上の売買が行われていた［石井②、司法省］。幕府も、裁判の際に、本文中に請戻文言のない質地証文や、本文中に祝儀金・礼金を渡す旨の記載のある場合を永代売と認定していたのであり〔石井②〕、先述の三奉行の認識も含め、売買は周知の事柄だったのである。

総じて、持っていないものは売ることも質に入れることもできないわけで、それができたということは、やはり土地が百姓のものであったことを示していたといえる。それゆえ、仮に禁令を出したとしても売買は横行したし、先述のように幕府もそれを黙認したのである。

佐藤信淵『経済要録』は、延岡藩のことを例に挙げ、「此国は、田畑を始め森林・山沢・原野迄も、古来皆百姓に委ねて売買せしむるが故に、山林の諸材木に至るまでも、領主の自由にならざること多く、国君唯其年貢を取るのみなる様子なり」という話を伝え、「寛に過たる政事」と評している。幕藩体制下でさまざまな抵抗に遭い形骸化された秀吉構想であったが、百姓に土地私有を認めるという点については、脈々と受け継がれたことがわかる。これは、先述のように、同時期の西洋諸国と比較しても異例で、きわだった特徴だと思われる（ただし、中国や朝鮮では土地売買は自由だったとの報告もあるので〔岸本〕、アジア地域の普遍的な慣行を採り入れたものと評価できるかもしれないし、「西洋諸国」にしても、「封建的土地所有」の実態については見直しが進んでいるので、「異例」ではないという可能性も否定できない面があり、今後の研究を待ちたい)。

荻生徂徠が一七二二(享保七)年に幕府に献上したという『政談』でも、大意、次のように述べられている。すなわち、①百姓の田圃(たんぼ)は面々に金を出して買ったものだからこれを売るのは当然のことで、それを売らせぬというのは甚だ無理な話である。②無理な法を立てようとするから「譲る」などと名付けたり「借金の手形」をこしらえたりという、数々の偽りが起こるのである。③奉行も偽りと知りながら法を立てるためにこれを許しているのであり、とどのつまり、これは民に偽りを教えるものにほかならない(巻之四)。

徂徠の指摘以前から、幕府は身分違いも含め土地売買の現状を追認する政策を採りはじめていた。一七一三(正徳三)年に、江戸町続(ちょうつづき)の村を町奉行支配に移し、次いで一七一九(享保四)年、本所深川も町奉行支配に編入して町人地を拡大し、さらに一七四五(延享二)年には寺社の門前・境内を寺社奉行から町奉行に移管した(町人地は売買が公認されていた)。こうして、幕末までに、江戸は武家地・寺社地を除き沽券地化がなされたことがわかる[双川]。沽券は、売買証書兼土地の公証として使われており、「売券証」「売券状」「売渡証文」などという名称で、同様の例が全国的に存在していたことも知られている[司法省]。

†拝領地と相対請地

それとは別に、江戸には「拝領地」といって、「御公儀様」から拝領したという名目の土地があった。当初、幕府は、無償で人々に土地を与えて江戸に安住させており、これは武士だけでなく、江戸の造成に関わった町人や、寺社、百姓にも与えられた。当然、その由緒からして売買は禁止されていた。にもかかわらず、これもまた貸借という名目で、事実上の売買が行われるようになっていった。上述のような現状の融通無碍な追認によって、人別は町方支配、土地（高方）は村方支配となった町並地や、人別は幕府直轄支配・土地は町方支配となった武家の拝領地（拝領地にもかかわらず、のちには公役が課されるようになる）など、支配が錯綜し、武家地・寺社地・町人地・百姓地といった区分が時代を追うごとに曖昧になっていく［双川］。こうした「境界領域」における町の呼称の多様性は、現状追認の進行と、混乱した支配の現実をそのまま反映したものであった。

これは他の都市でも同様で、当然、都市化の進んだところほどその傾向が強い。古町・本町・元町に対して新町・荒町などという名称で、都市化にともなって市街地が拡大し、新たに百姓地が町に編入されていったことが知られるが（江戸では、基本的に古町の町名は「ちょう」、新町では「まち」と訓じた）、古町には地子（じし）（＝地代）免除の特権が与えられ、新町は地子地であることが多いのもそのためである。

加賀藩の都市（金沢、小松、高岡、七尾など）では、町続の百姓地が宅地化され、かつ町に編入されていない部分を相対請地（貸し手の村側からは相対卸地）と呼んでいるが、江戸における町並地と同様、人別は町方で、土地・高方は村方で扱うというものである（口絵2参照）。具体的には、地面（地籍）は郡奉行支配の村であるが、そこに家を建てて住んでいる人間は町人として町奉行の支配を受けた。つまり、町人ではあるが、百姓地の年貢（相当額）を負担する、という分裂した扱いになっていたわけである。相対請地（借地）であれ相対卸地（貸地）であれ、いかにも当事者が個別に「相対」で行ったことというニュアンスを込めた名称であるが、加賀藩がこれを促進したり禁止したりしていることからして、藩も公認の事実であったことがうかがえる［田中③］。

高岡町（現富山県高岡市）は、一七五四（宝暦四）年一〇月に、隣接する横田村から「永代居屋敷」として借地し、中島町を置いた（本章扉の絵図参照）。また、一七七二年（安永元年八月）には、同じく下関村から「永代請渡取極」により借地し、宮脇町、新横町を置いた［高岡市］。これらは町絵図には町として描かれ、住人は町人として扱われるが、地籍は村である（町絵図で中島町とされる場所は村絵図では横田村の一部であり、同様に、宮脇町、新横町は下関村の一部である）。その後、明治期になって、戸籍にだけ現れる町（土地を持たない町）、地籍にだけ現れる村（人を持たない村）という不思議な町・村が出現したのもこうした扱いのためである。

†身分制秩序の形骸化

また、都市周縁部の相対請地だけでなく、城下町から遠隔の地（在郷）においても町立てを許され、町や宿として取り立てられた場所がある。この町立（まちだて）と呼ばれる箇所では、従来と同様に貢租を負担することを条件に新町の建設が認可されたのである（場合によっては引高（＝貢租の減免）が認められている）。その際、町立箇所は棒杭などで範域を定められ、時代とともに拡大したり縮小したりしたようである。これらの地域では、「村切りによって土地を区切り、そこから村人を掌握し、村をユニットとして公租徴収する」という当初の計画が大きく変更を受けている。

なぜ「人別は町、土地・高方は村」などという、ややこしい扱いを始めたのかといえば、宅地化された百姓地ではあっても、これを町に編入することには抵抗があったためである。これは、町奉行に対する郡奉行側の抵抗というよりは、貢租（相当額）収納の手数料などを受け取っていた十村肝煎（とむらきもいり）（他藩でいう大庄屋であり、代官の役割も藩から委任されていた）や村役人など、郷村支配機構側の抵抗が大きかったためであろう。あるいは、江戸の場合には

「役銀」（相当額）が、町人地よりも百姓地の方が安かったという理由もあったかもしれない。いずれにしても、現場の意向を優先するという、分権化の帰結といえる。

このように、士庶の棲み分けも、田畑売買の停止も、身分違いの土地所有の禁止も実際には守られなくなっていき、それゆえ身分ごとの棲み分けも形骸化し、身分に基づく空間支配は絵に描いた餅になっていた。

身分制秩序自体も、社会変動のなかで形骸化していく。百姓（ここでは農民）の農業専従は江戸開府以来の基本方針であるが、再三の強調にもかかわらず、これもまた実際には守られていない。幕末に農間渡世の調査が四回実施されたが、品川宿の住人のうち専業農家は二パーセントしかおらず、作間稼にとどまらない、事実上の職業移動が行われているという［双川］。念のため付記すれば、品川の宿駅は道中奉行支配、近隣の寺社は寺社奉行支配であり、南品川宿村および北品川宿村は代官支配（村方支配）であった。

都市周縁部や宿場でとくに事実上の職業移動が進行したのは、普遍的な事実である。帳簿上の身分と実態が乖離したという例もあるし、帳簿上の身分自体が変わったという例もあった。薩摩藩主の年貢・町役負担については先述した。また、土地や屋敷を売ったり失ったりしたがゆえに村や町の構成員としての地位を喪失した村人、もともと身分制から遺漏していた層など、「身分的周縁」が数多く存在したとすれば、「身分」という分類枠組が実態に合わなかったのだともいえる。のちの明治維新期の身分制放棄にも前史があったわけである。

3　新田開発のもたらした変化

†「領域としての村」vs.「人間集団としての村」

太閤検地の際に、村切りによって村の範域が決定され、そこに石高が設定されることになったのは、先述のとおりである。当時も定住を基本とした農耕社会であったため、人と土地を一体のものと認識したのも無理はなく、村切りによって領域を区切り、その村を通じて人と土地の双方を把握しようと考えたのであろう。そこでは、諸役は村が請け、それを村人が連帯して負担するという関係になっていた。それゆえ、土地の所持が村の正規構成員の要件とされ、その者たちが五人組（地域によって人数や形態はさまざま）を構成し、村を担ったのである。こうして、「村切り」によって区切られた「村」から、「土地を通じた人の捕捉」という新しい支配の方法ができあがるはずであった。

しかし、その後の推移をみれば、事態は計画どおりには進行しなかったことがわかる。

ここでは、所有権移転による村人の入れ替わり、新田開発による村の領域の変動、という二つの要因からその後の村の変動を検討したい。それらによれば、先述のように都市膨張によって村が削られた一方で、新田開発によって村が拡大した面もあり、村の土地をめぐる大変動が発生していた事実を知りうる。

検地帳をめぐる学説の混乱は、未だ収束をみていないようである。検地帳は地域によって記載事項や記載方法に大きな差異があり、同じ地域でも、時期によって差異がある場合も見受けられる。また、政策面から性格づけする場合と、実態からそれを行う場合とでは当然に検地帳をめぐる評価も異なるであろう。そうした事情を反映して、検地帳登録人が年貢納入義務者であることでは一致していても、これが「土地所有者」か「作人」かについて見解が一定しておらず、すでに死亡した者なども登録されている例から、「実態を記載したものではない」との見解もみられる。したがって、検地帳が「土地所有（＝所持）の台帳」なのか、「土地の台帳」なのかという基本的な点についても評価が分かれている。

混乱の一因を作ったのは、ほかならぬ太閤検地である。本来、「領域としての村」を創出しようとするなら、村の領域を区切り、そこから村人を捕捉すればよく、複数の村に土地を所有しているなら、複数の村の村人とすればよかったのである。しかし、先述のように、耕地の入り組みを排し「村切り」を実施した村々でも、最初期の検地帳に「入作（いりさく）」がみられる［渡辺③］。飛び地を編入した部分については、他村の百姓を村に編入するのではなく、入作しているという扱いにしたわけである。

既存の村々との交渉によって検地帳が作られたいきさつからして、「領域としての村」という新奇の観念は、伝統的な「人間集団としての村」という観念から抵抗を受けたということになる。土地組み替えによって村のメンバーを入れ替えることや、百姓を複数の村の構成員にすることには抵抗があったためであろうが、先述のように、最初期の検地帳にすでに出作・入作がみられることに照らせば、「領域としての村」の実現は、その最初の段階でつまずいたといえる。そして、石田三成の九ヶ条村掟にもこうした出作・入作という扱いを前提とした記載があることからすれば、検地を実施する側も、伝統的な村観念との妥協をあらかじめ織り込んでいたように思われる。つまり、「土地を軸に村を把握」していくのか、「人を軸に村を把握」していくのかという、基本的なところで方針が一貫していないのである。これが指出検地の限界であったかもしれない。

†検地帳による土地所有権公認

検地帳に現況が反映されていないという点については、そもそも太閤検地当時の土地所有が秀吉構想のモデルとは異なって中世以来の重畳的土地所有を残していた地域では、実態に合わない面があった、また、検地帳（所持者）と名寄帳（作人）とで記載内容を使い分けていたという場合もあった。これらについても、村から貢租を収納できれば足りたため、村単位での土地の把握にとどまったことなどが理由として挙げられている［石井①］。

　こうした事情もあって、検地帳は「土地自身の台帳であって、土地所有の台帳ではない」という評価もなされたわけである［速水］。「土地を軸に村を把握」するという秀吉構想に照らせば、そう評価されるのもわからなくはないが、実際には土地自体の現況をまったく反映しておらず（検地帳面積と実面積は、一致しないのが通例である）、土地の台帳になっていないという場合がほとんどで、検地帳に基づいて石高を定めたというより、村高から逆算して形式的に検地帳の体裁を整えたとみられる例もある（先述）。そもそも、検地帳が村からの指出だったこともあり、それぞれの村の事情で記載内容が変わったという問題もあった。また、石高には軍役賦課基準としての性格もあり、西国において、当初はこちらの方に重点があったとの研究もある［松下］。結果として、検地帳一般についての性格づけをすること自体が、（とりわけ初期の検地帳については）困難になっていた。

　とはいえ、こうした混乱を考慮に入れても、検地帳は貢租徴収基準（＝課税標準）を示す課税台帳として機能しつづけたし、土地をめぐる紛争の際に所持（所有）の証明にも用いられたのであって、全国的な検地の広がりと定着を考える上で、検地帳によって土地所有の公認を受けるものと考え、百姓が検地を積極的に担ったという指摘（土地所有の台帳としての側面）は軽視できないように思われる［田中①］。作職（さくしき）は検地帳に「書のり申すもの、さばき」とする、との石田三成による村掟の記述もこのような意図に基づくものであろう。検地帳は耕作者をリストしたにすぎず、所有権を公認したものではないと公言したなら、これほど急速かつ広範に検地帳に基づく支配が浸透しえたであろうか。

やはり、「貢租負担と引き替えに百姓に土地所有権を認めた」と解するのが自然であり、土地所有者を納税義務者とした私有地への課税という、地租改正の原型はここにあったと考えられるのである。

事実、寛文・延宝期（一六六一～一六八一年）前後になると、検地帳と名寄帳の記載が一致するようになり、「農民自身が積極的に現実の土地所有関係と検地帳とを一致させるよう働きかけ」るようになったという。重畳的な権利関係も「地主」と「小作」に整理され、一筆の土地に地主は一人となって、名実ともに、検地帳に名請けした者が土地所有者となっていったという［石井①］。

†検地帳をめぐる混乱の背景

さて、村を通じて土地も人も捕捉しようとするときに、検地帳は合理的な仕組のはずであった。しかし、検地帳が土地の台帳と人間の台帳を兼ねることができるのは、村の土地と人間の関係が一対一で対応しており、かつ安定的である場合に限っての話であり、現実は、そのようには推移しなかったのである。

土地を安堵し百姓を土着させる目的で認められたと考えられる百姓の土地所有ではあったが、百姓が土地を所有するということは、——村が認めさえすればという条件付きではあるが——所有者の一存で土地が売買されることにつながった。先述のように、村請制によって領主は個別の百姓を直接支配しなくなり、できることは、身分間の移動を禁じることくらいであったから（しかし、これも先述のように、身分間の移動もまた現実には起こっていた）、農村でもまた、さきに言及した都市の場合と同様に、幕藩体制のごく初期から土地の売買がみられた。そして、それゆえに先述の田畑永代売買御仕置も出現したわけである。

生活の本拠（を設定すること）とは異なり、土地所有は村を越えて可能であるから、所有を軸に考える限り、村の土地と村人は一対一の関係には留まらない。かつての学説が主張したように、「小農自立」というイメージで制度設計がなされたのはおそらく事実であろうが（だから石田三成の村掟でも〔名主職などではなく〕作職が強調されたのである）、所有を軸に村の構成員を確定しようとしたゆえに、土地所有権を失い村からこぼれ落ちる層もまた出現したのである。上述の事例は、「村に土地も人も紐付けする」という試みが早い段階からうまくいかなかったことを示唆している。

また、村を越えて土地を買った場合、複数の村の構成員になることもあり（これが、そもそも「入作」という扱いが「過渡的」であったためなのか［松下］、あるいは「入作」の程度を逸脱した場合にそうなったのかは判然としない）複数の村の庄屋を兼ねた例（＝兼帯庄屋）もみられる。かつての経済史家が村の検地帳を見て出作・入作を「零細農民」と誤解したのも、村と村人が一対一の関係であることを前提にして分析していたためであろうが、そのようなモデルが早々に（あるいは最初から）、成立しなくなっていた。しかも、個別の村々に対する不干渉・無関心ゆえに、そのこと自体も放置された。検地帳をめぐる学説の混乱も、検地帳自体の混乱も、こうして起こったと考えられるのである。

†村の領域の変動

もう一つの問題は、村の土地（領域）自体が変動（＝拡大・縮小）していったことである。村切りによって土地を分節化するという秀吉構想ではあったが、「村は海に浮かぶ島のように存在した」という、さきのたとえのように、実際にはどこの村にも属さない広大な土地が残されていた。太閤検地とそれに付随する村切りは、領知権の及ぶ範囲を村とし、その外部の山野河海を区別したためであるが、そういう場所をめぐって村の拡大、すなわち新田開発が発生することになった。

「山のおく、海ハろかいのつゝき候迄」念を入れて検地せよという浅野弾正宛朱印状［名古屋市博物館②］にみられるように、秀吉は、辿り着けない（＝人蹤ヲ絶ツ）ような山奥や海の果てまで検地せよと指示しているが、これは、そのような場所までも秀吉の支配地であるという観念上の話であって、支配上、実際に問題になるのは、用益のある土地の方である。

山野河海にも当初から小物成が賦課されていたことなどに照らせば、領知した村々への貢租（本途物成）賦課だけでなく、用益のある「特定の村には属さない土地」に対しても小物成を賦課し、その負担者に当該地における当該用益の排他的利用を認めたという関係になろう。こうした入会地では、ある集団には下草の採取を認め、ある集団には特定の木の採取を認めるというように、用益ごとの棲み分けがあるなど、当該地が特定の村には属さないという扱いになっていたということである。

入会地の用益を利用することは、領知や所持と区別して「進退」と呼ばれるが［石井②］、これは山野河海が「誰のものでもない」という観念と連動していたためと考えられる。それは、山盗みへの制裁が過料や罰金であったことなどにも示されている（村の田畑の場合、死罪や追放といった重罰）。しかし、それゆえに入会地の支配は不安定であり、自力救済の観念に基づく戦闘（実力行使）は、こうした場所で最も先鋭的に行われたといわれる［藤木③］。

領知権（年貢徴収権）も小物成徴収権も天下人から（通常は国郡単位で）宛行われたものであって、転封によって徴収者が替わったとされる［高木］。こうした山野の「知行」は、個々の構成員に分割されていた居住空間（「ムラ」）・耕地（「ノラ」）を村としたほか、広大な無主地であった山野（「ヤマ」）を共同用益の対象とする惣村の実践を採り入れたものと考えられるが、他方では、高外地は天下人の領有とする観念も存在したといわれる［渡辺②］。これは、「何人のものでもない土地は幕府のものである」という観念に引き継がれていくのであるが、それゆえ、「知行」も可能だと考えられたのであろう。このように、領知権の及ぶ範囲と「領内」の関係には微妙なものを残しており、村に属していないからといって、勝手にどこでも新田開発できるというものでもなかったのである。

ともあれ、上述のような、村に属していない土地を開拓するときに、村の領域自体が変容をはじめる。新田開発を例にこの問題を検討してみたい。

†新田開発による村の増加

一七世紀には、土木技術の進展も相まって、従来は耕地になりそうもなかった湖や潟、河口、台地の上などで、干拓技術や灌漑技術を駆使して耕地の開拓が飛躍的に進んだ。この背景には、戦国の世が常態化させた飢饉があっただろう。また、さきに述べた鉱山開発の技術が用水整備に流用されたともいわれている。アジアでは、一六～一八世紀は「大開墾の時代」と呼ばれ、朝鮮がやや先行し、中国はやや遅延して起こったが、東アジアから東南アジアにかけて、ほぼ同時期に大規模な耕地開墾が行われている［岸本］。

意外に思われるかもしれないが、このときの新田開発は、山野河海でいえば「野」の部分、すなわち大河川の治水を前提とした中下流における沖積平野を中心に行われた。湿田では恒常的に「悪水吐き」が必要であり、二毛作もできなかったため、当時は乾田が良田とされ、湿田はあまりよくない田とされていた。それゆえ、それまで平野部の低湿地は開発が進んでいなかったのである［木村］。利根川・荒川、北上川、木曽川、天竜川などの治水による新田開発が有名であるが、こうして作られた平野部の水田は、稲作や農村のイメージをも大きく転換させたように思われる。現在では、沖積平野こそが米の主生産地になっているからである。

また、これらの土木工事に領主が積極的に関与している例（北上川＝仙台藩、木曽川＝尾張藩など）も多いことからすれば、幕藩体制の早い時点ですでに、領主も転封が行われないことを前提に、工事に「投資」していたとみられる。それゆえ、領知権も「当座」限りのものから「家産（プロパティ）」へと変化していったであろうことが予期されるのである。

幕藩体制の初期には、新田開発によって新たに村を創設する「村立開発」が行われた。それに対して、元禄期（一六八八年～）以降には、「持添新田」と呼ばれる、既存の村に新田の石高・反別を加えていく形で開発が行われたという［菊地①］。村立開発によれば村の数が増加し、持添新田を抱えることによれば村の領域が拡大するという関係になる。新田は、本村（親村）に対して枝郷（枝村）などと呼ばれるが、この呼称も地域によって違っている（新潟地方では、「〇〇新田」「〇〇新」のほか「〇〇郷屋」「〇〇興野」〔ともに、「〇〇ごや」「〇〇ごうや」と読む〕などと呼ばれていた）。

幕府の徴収した「郷帳」（村々の石高、反別、貢租や諸掛り〔雑税など〕を書き上げた帳簿＝序章扉参照）を典拠とし、全国の村の数をカウントすることによって、この時期の村落の数量的検討が可能であるという。その検討によれば、一六九七（元禄一〇）年には六万三二七六村、一八三〇（天保元）年には六万三五四〇村、一八三四（天保五）年には六万三五六二村と、村の数は漸増していることがわかる。さらに、「元禄以前にはこれより少なかったことはもちろんである（おそらく五万数千というところであろう）」と推計されている［木村］。

これらを総合して考えれば、元禄期以降に漸増している村の数は、すでに元禄期以前に村立開発を中心とした新田開発によって増加していたと予想される。もっとも、こうした傾向は、全国をならしてみた場合のものであって、国郡ごとに郷帳の村数の増減を調べると、地域によって差異が見られる。また、同一地区でも、調査のたびに村の数が増減している例があったり、他方で、同じ時期においても枝郷を一村と数える場合とそうでない場合があったりで、一定していない（後掲の図8など参照）。集権化の不徹底のためか、あるいはその後の分権化のためか、村の定義も流動的であったり、地域性を帯びたりしたようである。

†新田の検地帳登録

さて、元禄期以降に増加した持添新田の場合、新田は開発時における地主の居村の高に加えられたが、その際、開発地がもとの村（本村）と地続きで確保できるとは限らず、多くの場合、飛び地（散り懸り）にならざるをえなかった。明治初年に飛び地の組み替えが課題となった際に作成された絵図をみれば、多くの飛び地が新田開発によって出現したであろうことがわかる（前掲図1参照）。出羽国最上領では、本村から五～六里離れた飛び地もあったという［佐藤］。当然、いきさつからしても、平野部ばかりでなく、山間部も含めて飛び地が発生した。土地私有を認めたからこうした新田開発もさかんになり、したがって飛び地もまた増えたと考えられるのである。

幕府は万石以上の領主（＝大名）には許可の上で検地することを認めてはいたが、実際には、一部の藩を除いて、幕藩体制下で総検地は実施されなかった。検地の実施は年貢増徴を想起させ、百姓の抵抗が大きいために、領主もこれを実施しにくかったためである。「新田畑検地を除いて、検地を大名が勝手に行う事はハイアラーキーを乱すのでできなかった」［速水］という解釈もある。そもそも、先述のように、石高（村高）が村々との交渉の結果決定された「約束事」だとすれば、その決定を一方的に反故にすることは反発を招くであろうし、総検地を提案するにしても、よほどの根拠が存在しない限り、村側がこれをすんなり受け入れるとも考えられない。

そのため、新田開発の場合も、新規開発分のみを検地し、その石高を既存の石高にプラスするのが慣行となっていた。検地帳上は、従来の検地帳に「附（つけたり）」として新田検地帳を付加する形式をとり、新田は生産が安定するまでの一定期間（たとえば五年間）、貢租を免除された。持添新田が主流になるのはそのことに何らかのメリットがあったからだと考えられるが、上記のような検地帳の扱いは、土地把握の困難性を増すという意味で、その一因になったはずである。

さらに、新田の石高が、おそらくは開発奨励の意味もあって、低めに抑えられる傾向にあったことは、重要な点である。貢租だけでなく、郷掛り（ごうがかり）（村費）や諸掛り（雑税）も基本的には石高を課税標準としていたため、百姓は、税制の優遇された新田を好んだようである。そのことは、明治期の神田孝平（たかひら）の建議において「本田ハ税重ク新田ハ税軽キカ故ニ、好テ新田ヲ開キ（以下略）」とされ、その後の井上馨による石高制廃止建議でも、「古田ヲ棄テ新田ヲ開耕スル者日ニ多シ」と指摘されて、石高制撤廃の一因として説明されているとおりである（後述）。なお、本田の荒廃により新田開拓が抑制された時期もあった。

†総検地と帳簿漏れの土地

他方で、総検地を実施した地域でも、たとえば仙台藩では、のちの地租改正の際に「仙台地方は縄延びが多く、一反と唱えるものが四、五百坪もある有様で、これは南部仙台地方の習慣で苗代田（なわしろだ）へは従来課税せず、この分が一町について五畝位あり、また従来の田の畔は左右一尺を隔てて縄打ち検地を例としている」（宮城県史第三巻）と報告されている。秋田藩の測量法については先述した。これらの事実からしても、「総検地を実施した地域は貢租徴収が苛烈であった」という説についても、一定の留保が必要と思われる。

また、先述のように、貢租収納に領主の関心が向いた陰で、土地の実態把握が二の次になったこともあり、帳簿には載っていない耕地など（帳簿に捕捉された表面積に対して、裏面積と呼ばれる）も少なからず生まれた。現場では、「新開」などと——ときに開拓者の名を冠して——呼ばれたようである［風間］。これは、新田開発の場合にとどまらず、既存の村の耕地においても同様であり、後述するように明治期の地租改正やその後の地押調査によって、隠田（検地の際に欺隠された土地）、切添（耕地の脇を開墾したもの）、切開（許可なく原野を開墾したもの）が摘発されるなかで全貌が明らかになっていった（分類や定義は政府によるもの）。

詳細は後述するが、明治期の摘発時点で、耕地の約四割が帳簿から漏れていたという大規模なものであったから、それらが明治期の数年で開発されたとは考えにくく、長年かけて開拓され、世代を超えて引き継がれたものと考えるのが自然である（「約四割」に相当する二二三万町歩は、「耕宅地」における改出の数値であるが、そのほとんどは耕地だったはずである）。そもそも検地帳の記載様式からして、多様な形の田畑を、縦横の長さを付して「四角」に換算して載せるのであるから、土地の実態を正確に検地帳に反映することにも自ずと限界があり、こうした帳簿と実態との乖離が時代とともに徐々に進行していったということであろう。

†帳外地の黙認

帳簿漏れの土地については、ことの性格上、史料的な裏付けをもって説明することが難しいが、江戸期の耕地面積と明治初年の耕地面積を比較することによって、幕藩体制下でどの程度の耕地開発がなされたかを推計しようという研究がある。その検討によれば、たとえば芸備地方(現広島県)では、とりわけ島嶼部と沿岸部において開発がさかんで、三倍から場所によっては五倍以上にのぼる耕地の増加をみている。芸予諸島でも、ほとんどの島で三倍以上の値を示しているのは段々畑の開発によるものと見込まれている[中山]。畿内のように中世から開発の進んでいた地域は新たに開発できる土地も限られていたが、それ以外の地域では耕地は概して二倍ほど、多いところでは五倍以上に増えたところ(瀬戸内の島など)もあったといわれる。地租改正の際に、山の頂上まで延々とつづく段々畑の地目が「山林」だったことが問題になったわけで、耕地でありながら、耕地として登録されていない土地が少なからず存在したということである。史料にみえないからといって、その耕地が存在しなかったということにはならないという例でもある。

もちろん、幕藩体制下でもこうした隠田、新開など――新田開発を申し立てず、年貢を納めなかったもの――は禁じられており、先述の「公事方御定書」でも「隠地いたし候ものゝ」は「中追放」に処するとされていた(諸藩にも同様の法令がみられる)。しかし、一七五七年に越後国魚沼郡中三五三ヶ村の者がこれに違反した事件(宝暦七年一〇月御仕置例)にあっても、「祖父親代之仕業」として一郡全部が中追放を免れ、村過料で済まされていることからして、幕府はこれを黙認していた(表沙汰になった場合にやむをえず処罰)といってよい[双川]。

加賀藩でもすでに一六一六年の検地条例（元和二年六月）に隠田摘発のための密告奨励があるが、処罰や責任糾明の文言を欠いていることからして隠田を予防・摘発しようとする強い意志が感じられないという指摘もある［木越］。そもそも、村側が年貢高さえ負担していれば、領主はその余のことには不干渉・無関心だったのだから、隠田という言い方はあたらないという評価もある［渡辺③］。実際のところは、「隠地に対する事実上の支配権が、名請けすることによって、領主権力によって公認された一段高い権利へと上昇する」ため、「天下番人に対抗しうるものとして保護を受ける」効力を求める場合には、検地帳に載せるという判断が下されたのであろう［石井①］。つまり、「誰の者でもない土地」と認定され没収されるのを避けようとする場合に、検地帳への記載が選択されたと考えられる。

ともあれ、耕地が拡大し、富が増加すること自体は領主にとっても悪い話ではなく、他地域よりも好条件で百姓を処遇することは、とくに幕藩体制中後期に増加した「走り」や「逃散（ちょうさん）」を避けるためにも重要であったと思われる。そしてその背景には、新田開発による耕地拡大それ自体が労働力需要を増加させた事実があった［宮崎］。

†石高と実際の収量の乖離

耕地の拡大に加えて、幕藩体制中期以降、農業技術の進化や施肥の増加も相まって単位面積あたりの収量は急増したといわれる。秣場や平地林を開発して耕地にした例も多く、肥料も秣などから干鰯や鰊肥、油粕などに置き換えられていった。遠隔地から取り寄せた金肥を入れても引き合うほどの生産性をもったということを示している。それは、すなわち一反当たりの米の収量が増加していったことを意味するが、にもかかわらず、こうした「農業生産性の上昇は税収に反映されず、幕末まで税収は一定であった」〔深尾〕。

それゆえ、「近代を迎える頃（幕末を指す――引用者注）の日本は、富が政治権力を持った者に集中せず、逆に政治権力を持たない商人や農民に集まるという独特の社会を作り出した」〔速水〕といわれる。世界的にみても高いと指摘されてきた読み書きや計算の能力も、民富の蓄積を背景としていたと理解するのが自然であろう。これらの指標を底上げするのは、支配層ではなく被支配層の側の能力だからである。そして、逆にそのような能力が先述の金肥導入や段々畑の開発（石や水を頂上まで運んだとしても開発・維持すべきという判断）に影響を与えている面もある。もっとも、山地を切り拓いての耕地開発がその後の水害の原因にもなるのであるが。

上述のような力関係のなかで、幕府の財政改革は、年貢増徴よりは、むしろ貨幣改鋳による「出目」をあてにするものとなっていく。それにより、一両あたりの金含有量は一六〇一（慶長六）年から一八六八（慶応四）年の間に一一分の一にまで落ち込み、量目貨幣

（実質貨幣）から制度貨幣（名目貨幣）へと変化していった［三上］。

総じて、新たに開発された土地のうち帳簿に記載されなかった耕地が少なからず存在したことと、土地生産性の向上のため収量が拡大したこととの相乗効果で、帳簿上の石高（表高）は、実際の収量とますます乖離していった。その結果、百姓の負担した貢租は、多く見積もっても実質収入のせいぜい二割ないし三割にとどまり、それ以外の部分は民富になっていたと考えられている［中山］。近年の研究でも、幕藩体制中期以降の熊本藩の藩内総生産（GDP）は表高の約三倍と見積もられている［深尾］。むしろ、このような状況だったからこそ総検地が不可能となっていたと考えた方がよいように思う。

経済史研究においては、明治中期頃に統計に捕捉されるようになった「現況」から幕藩体制期の第一次部門総生産を逆算・推計する研究が進行中であり、新田開発や土地改良などを通じて農業生産拡大策を採った地域では「明治初期のデータを含めて、カバー率に深刻な問題がある」と指摘されているとおりである［深尾］。

†生産拡大と米価低迷

この点について補足すると、帳簿に記載された公称の石高を「表高」、実際の収量を「実高」と説明されることが多いが、この説明は誤解を招きやすいので注意が必要である。

先述のように、「石高」は、地域によっても、領主によっても、時期によっても中身を異にしていた可能性が大きく、一律の定義が難しいためである。

たとえば、石高が総生産高を指す場合でも、指出検地により実際の検地が行われていないとすれば、石高（表高）と総生産高（実高）とは当初から異なっていたはずである。仮に検地が行われていても、総生産高が検地高と一致しているかは微妙だという問題もある。さらに、石高が年貢高を指すような場合には、年貢率にもよるが、公称の総生産高は石高（表高）の三倍以上になるのが通例である（年貢率二割五分の場合は四倍となる）。しかも、その公称の総生産高が実際の総生産高を反映している保証はないという問題もある。ここに加えて、先述のように、「土地生産性の拡大」という問題と、「帳簿から遺漏した耕地の増大」という問題を考える必要がある、ということである。

もう一点付言すれば、明治期の統計もまた生産量を実際よりも過小に評価している疑念を拭えないという問題がある。農業統計は「末端農家からの申告を集計したもの」であるが、申告が正確であるという保証はない。たとえば、地租改正に際して地価設定のために「公定生産量」という意味で用いられるようになった「収穫米」の値が、そのまま申告額として使われた例もあるという。また、農商務省の年次米作予想と各県の統計書の数値に大きな乖離があり、同一県内でも①県統計、②農業会統計、③作報事務所に乖離があるという問題もある［菊地②］。

以上をふまえれば、昨今の経済史研究の結果については、それでもなお幕藩体制下の生産量を——明治期のものも同断であるが——過小評価しているのではないかという疑念を払拭できない。ただし、多くの地域で民富が拡大したことは、それがそのまま公平に人々の手にわたった（残った）ことを意味するわけでもない。よって、「百姓はみな豊かであった」という一般論にもならないはずである。こうした意味でも、この分野の研究の深化が期待される。

肝心なのは、帳簿漏れの土地の存在を幕府や諸藩が承知していたか否かという点であるが、法令に隠田・切添・切開に関する指示が見受けられることからして、当然にその存在は知っていたはずである。見て見ぬふりをしたのである。これを百姓の「強さ」と説明することも可能であろうが、そもそも、貢租が土地安堵の「見返り」であったとすれば、泰平の世に貢租を増徴することには同意が得られにくいという事情はあっただろう。また、耕地が拡大し生産性が上がり民富が増すことは、短期的には、領主にとっても百姓にとってもメリットと考えられたはずである（先述）。平和の訪れと生産力の増大は百姓（農民）の生活を安定させ、支配の安定をもたらすかにみえた。

しかし、中長期的にみればこうした（米の）生産拡大が、享保中期以降、米価低迷（米価安の諸色高（しょしき）を引き起こし、やがては石高制そのものの根幹を揺るがすようになっていく。耕作放棄や離村に象徴される農村の荒廃、他国稼ぎ、諸藩の殖産興業的な産業政策などは、いずれも米価低迷によってもたらされ、加速されたものである〔藤野、田中①〕。それらが、幕府領で検見取法を全面的に復活させ年貢増徴を実現した時期と重なるのは、皮肉な現実である。

4　石高制の帳尻合わせによる村の再編

†飛び地や相給の増加

江戸から遠隔の地に配置された外様の大大名がほとんど転封もなく一円的・領国的支配を継続したのとは対照的に、「元禄の地方（じかた）直し」にみられるように、関東や畿内の譜代大名や旗本を中心として、転封が繰り返し行われた（前掲図5参照）。そのため、関東や畿内を中心に幕府直轄領・藩領・旗本領・寺社領が入り組み、支配地の錯綜が進行した。その後、元文期（一七三六年〜）以降は、万石以上についていえば、転封自体もほとんど行われなくなった（先述）。

転封を実施せずに石高制による支配を維持しようとすれば、所領や給地を地続きには確保できない場合がほとんどであったから、論功行賞に基づく加増の際には、その分の所領・給地を飛び地の形で宛行うことになる。また、天災への対応や貢租収納の均分化などのために、分散知行が一般化していき、それにともない給地の錯綜はさらに進行し、飛び地もまた増加し、一般化していった。幕府領のうち、規模の小さい所領の場合、近隣の大名家などに管理を委ねる「預所」というものも存在した。これも飛び地の一種であり、幕府はこれを抑制しようとしたといわれるが、所領全体の二割弱にのぼったというから、少なくない割合である。

こうした分散知行が進行した結果、本拠地よりも飛び地の方が大きいという足守藩のような例まで出現した。「配置転換によって土着化・地域権力化を避ける」という秀吉構想は実現不可能となっていたが、結果としては、関係諸藩・旗本の権力を必然的に分散させることになる、所領・給地の分散という形に行き着いたのである。つまり、幕府から藩への分権化の一方で、藩権力の分権化も進行したということである。

とはいえ、皮肉にも、外様の大大名の所領ではなく、譜代や旗本の所領・給地を中心に分散したのであるから、大藩側の分権化効果はきわめて限定的だったといえる。また、この給地の分散が非効率な支配方法であったことも明らかであり、関東の譜代藩と幕府直轄

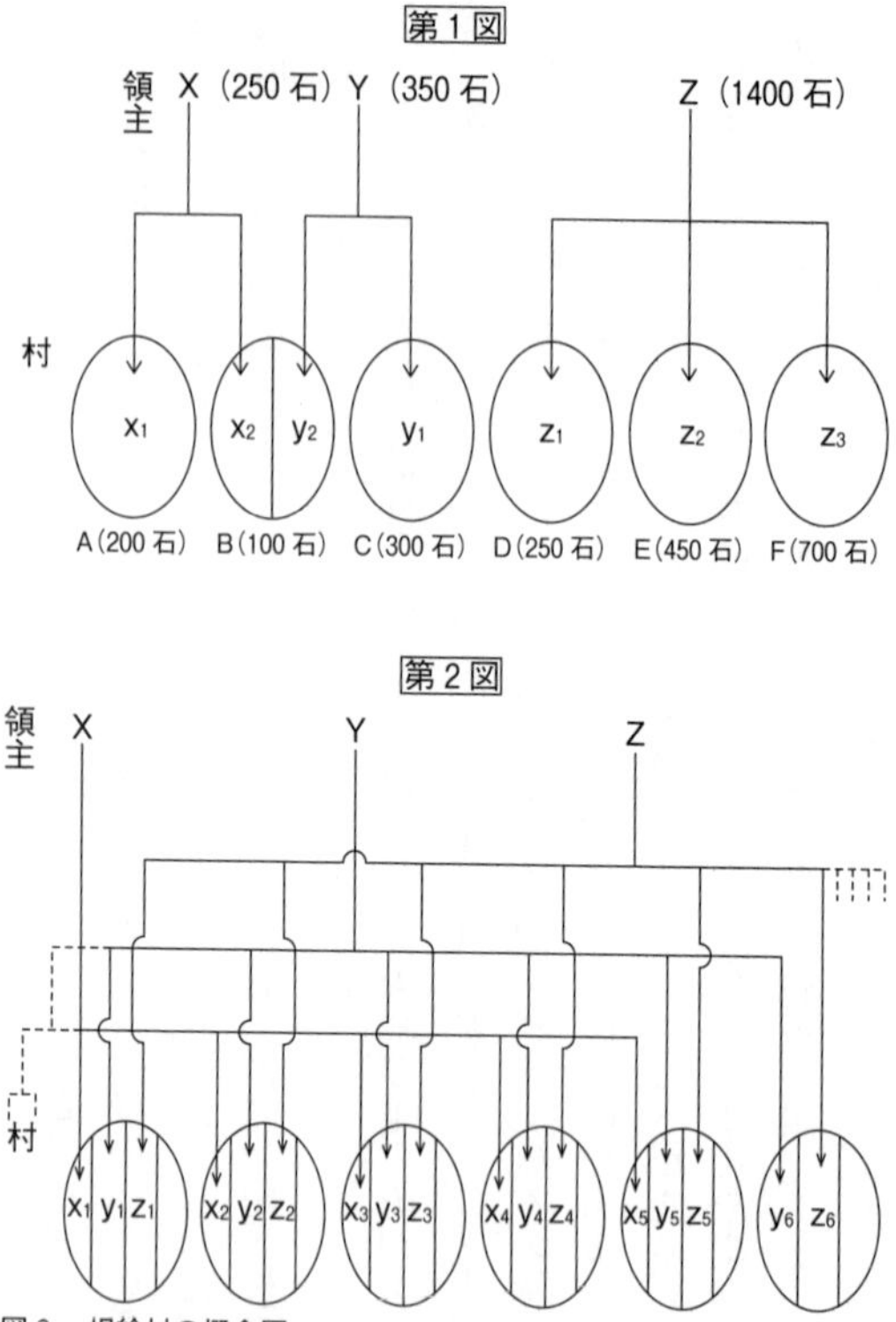

図6　相給村の概念図
水谷三公『江戸は夢か』（筑摩書房、1992年）p.45から引用。X:250石、Y:350石、Z:1400石の領主が土地を宛行われる際、通常の知行の場合（第1図）と分散知行の場合（第2図）の比較をモデル化したものである。

領の所領・給地分散は、個別の譜代藩だけでなく、幕府権力弱体化の要因にもなった。その事実は、土着して一円知行に基づく領国体制を維持した西南雄藩とは著しい対照をなし、やがて幕府の支配に危機をもたらすことになるが〔藤野〕、それもまた後年のことである。

所領や給地を宛行う際に、通常は村を単位としたが、やがては村までもが「石高制の帳尻合わせ」のために切り刻まれていくことになった〔長谷部〕。その結果、一つの村を複数の領主が領知することになって、村内に複数の庄屋・名主が置かれることがあり、これを相給といった（このモデルについては図6参照）。相給の例は一六二〇年代にはすでにみられるものの、とりわけ、平野部の水田地帯を中心に増加するのは幕藩体制中期以降である。相給の背景に所領・給地の分散があることは明らかであり、飛び地ができ、支配が入り組むのと併行して相給の村も増加するという関係になる。先述の関東平野、畿内などはその典型的な例であり、後述するように、このような地域では、その後の廃藩置県に先立って「村替え」が行われることが多かった。国史事典には備前国邑久郡尾張村の二六人の相給という例（一七二一年）も挙げられているが、これは極端な例である。

†村の便宜的・属人的分割

幕府や諸藩の領地のうち、地方知行（特定された土地が旗本・幕臣、藩士らに宛行われるもの）は一部を占めるにとどまり、蔵入地（郡奉行や代官を通じて支配した土地）が過半を占めたといわれる。地方知行の場合でも、先述のように、リスク分散や貢租収納の均分化のため所領・給地が分散させられていった。「地方直し」の場合、支配者ごとに領地を確定せねばならず、相給の際にも、入り込んだ支配の数だけ村に庄屋・名主を置いて、石高に応じて田畑・家数・人馬を分割し、それぞれの支配地に割り当てている。その際、土地の所有者を単位として村を分割した場合が多くあり、支配地が飛び地になった例も多い（口絵3参照）。その意味でも「人を通じた土地の捕捉」が行われたわけである。

とはいえ、「地方知行による領地の支給とはいっても、その主眼は土地そのものではなく、一定の収入を均等に保証するような条件を満たすところに置かれていた」から、地方知行のあり方自体を形骸化させていった面がある。領主や地頭との結びつきも弱まるため、村の自立性が拡大したという見方もできないわけではない。村人は「特定の村には帰属しても、特定の領主に帰属するとは考えない」からである［水谷①］。

しかし、そういった場合でも、相給が村の中に「分界」を持ち込んだのは事実である。民俗学の成果によれば、相給の村では、村の祭りを支配ごとに一日違いで行った例もあったらしい。つまり、村は一つのままという場合でも、村内を支配ごとに分割し「一村内分界」を設け、村の中に村ができたということである。だから、単に貢租の納付先が変わったという話では終わらなかったのである。

また、相給が長くつづいた場合など、支配系列ごとに、村そのものを分割した例も少なからずある。その際、多くの場合、当初の村名に上中下や東西南北などを冠して隣接しているため、元来は一つの村であったことがわかる（図7）。通常は、村の土地がまとまった形で分割されたのであるが（その場合でも耕地に飛び地があるのが通例である）、例に挙げた中比奈村のように、村自体が分散して入り組み、村域らしい村域を持たない「抽象的な村」もまた出現した［若林］。これも、人ないし家を通じて耕地を捕捉していったことを示すものである。

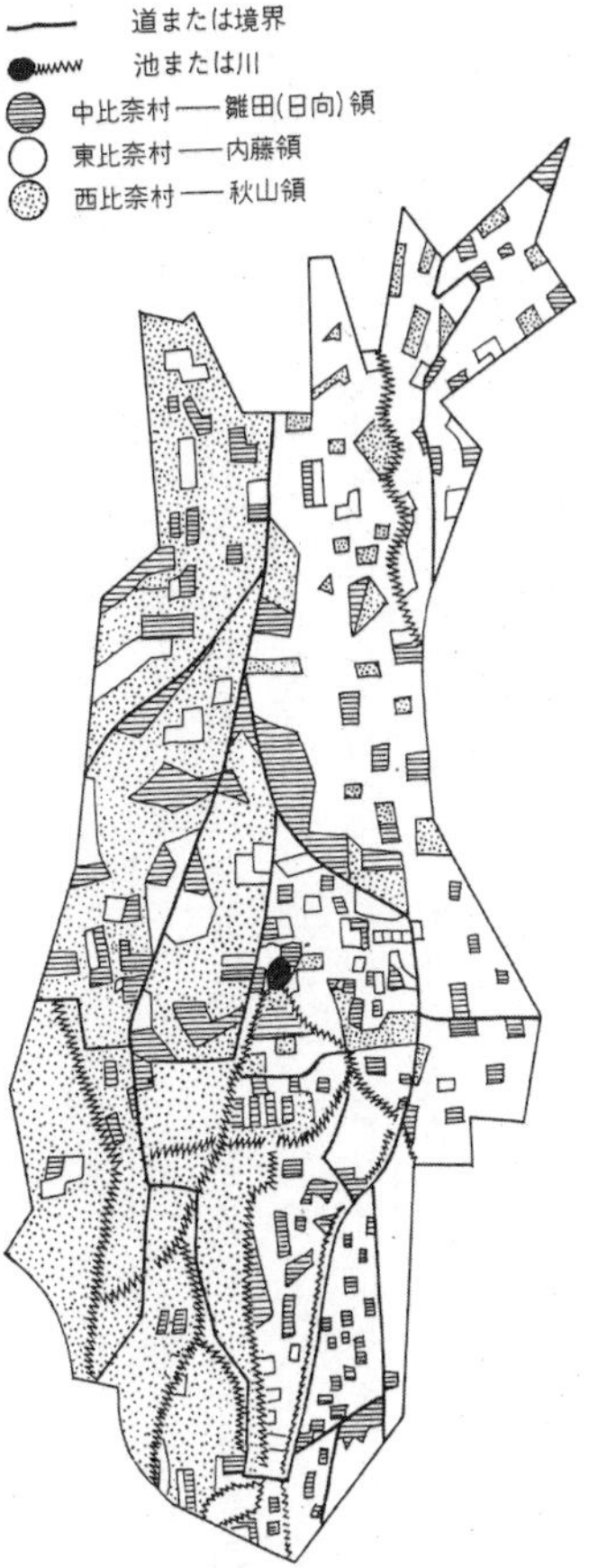

図7　比奈村絵図
若林淳之「旗本領の構造」『史林』第52巻第4号、1969年、p.45から引用。「明治初年」に作成された絵図（富士市役所吉永支所所蔵）を若林が描き直したもの。比奈村は、1778（安永7）年以来、三村に分割されたとされる。

いうまでもないが、絵図が飛び地として描かれるのは、所有者（百姓）ごとに、耕地を各支配者に分属させているからである。順序としては、石高に基づいて所有者が組み合わされて村のメンバーが決定されたということになる。つまり、村が個々の百姓の所有する石高に基づいて構成された（＝石高制の帳尻合わせに従って分割された）ということである。もし、村が土地を「所有」し、百姓がそれを「占有」しているのであれば、村が所有権に基づき占有の状態を変更すればよいだけであって、このような（口絵3や図7のような）村絵図になる必然性があるだろうか。むしろ、それができなかったことの意味を考える必要がある。

さらに、村が分かれたのか、村は一つのまま分界を設定したのか判然としない例もある。遠江国城東郡（とおとうみ きとう）の例では、時期の異なる場合だけでなく、同時期の調査においても新田（枝郷）を独立した一村と数える場合と、本村（親村）と併せて一村と数える場合があり、不統一である（図8）。カウントには何らかのルールがあるはずだが、こちらもまた判然としない。

一般に、「村請制」といわれ、村が役負担の単位とされてはいるが、上記のように相給によって村自体が分割された面をみる必要がある。ここで重要なのは、新田開発の場合と異なって、村側の意向とは無関係に、支配の都合で、石高調整のために村が便宜的に一

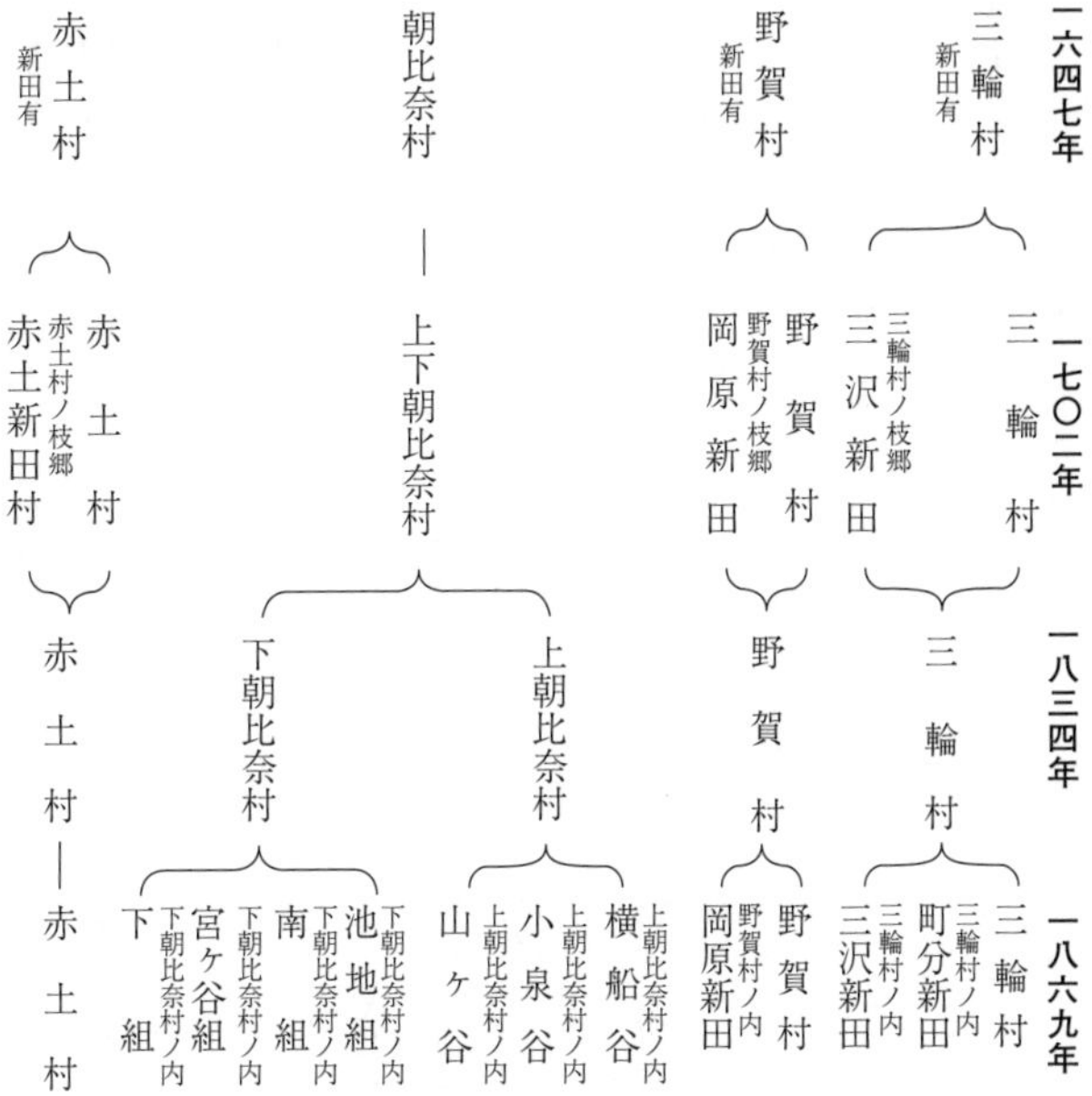

図8　遠江国城東郡における村の編制例

1647年：「正保郷帳」（『静岡県史 資料編9　近世一』付録郷帳〈静岡県、1991年〉収載）、1702年：「遠江国郷帳」、1834年：「天保郷帳」（以上、国立公文書館所蔵）、1869年：「旧高旧領取調帳」（明治大学附属図書館所蔵）を参照。

―しかも属人的に――分割されたという点である。だから、「帳尻合わせ」なのである。全国的な相給の広がりについては、「旧高旧領取調帳」を参照すれば、幕末維新期の状況についてはおおよそ知ることができる。

†自然村ではなかった幕藩体制後期の村

一点補足すれば、(相給だけでなく)災害によって飛び地が生じた例も少なくなかった。現在では想像しにくいが、河川の流路変更は頻繁に発生し、村や耕地に影響を及ぼした。洪水のため、一夜にして耕地が分断されて、村が飛び地になるということもあった。多くは、蛇行していた河流が洪水によって短絡されたものであったが、人為的な「川除け」によって飛び地になった村もある。三日月湖の内側(滑走斜面側)に、新たな流路の対岸の字名が飛び地になっているなど、当時の痕跡を残している例もある。

一九一二年四月の東京府と神奈川県の境界変更(明治四五年法律第五号)は、多摩川改修に際して北岸に飛び地になった神奈川県領と南岸に飛び地になった東京府領を一二カ所にわたって組み替える大規模なものであったが、こうした飛び地も洪水による多摩川の流路変更のためにできたものであった(いきさつについては「第二八回帝国議会衆議院東京府神奈川県境界変更ニ関スル法律案委員会議録」〔=帝国議会会議録はウェブで閲覧可〕参照)。耕地の例ではないが、新発田藩の湊、沼垂（現新潟市）では、河川による浸食等のため、一六三二（寛永一〇）年から五〇年のうちに湊町を四回移転しているという［水田］。村の分割という点では、こうした自然的要因についても考慮に入れる必要がある。

これまでにみてきたように、村々は、都市に隣接する箇所では都市化によって蚕食され、新田開発された場所では外部に拡大し、かつ飛び地を生じさせ、領国的支配を維持できなかった場所では石高制の帳尻合わせのために切り刻まれていった（ほかに、自然的要因に基づく飛び地も存在した）。そのため、「村切りによって土地を区切り、そこから村人を掌握し、村をユニットとして公租徴収する」という、秀吉構想に基づく村請制のあり方は、大きく変更を受けていた。とりわけ相給の村が示すのは、単に、秀吉の構想した「領域としての村」が否定されただけでなく、伝統的な「人間集団としての村」もまた一部否定されたということであって、村というものの性格が大きく揺らいでいたということである。

したがって、幕藩体制後期の村は、「自然村」という言葉でイメージされるような、自足的・共同的・完結的なものではなかった。また、自然村という言葉は、村人の主体的な意思ないし営為によって形作られたというイメージをともなうが、現実の村は、支配のために便宜的に作り変えられる対象になっていた。むろん、領国的支配を維持しえた地域の村や山間部の隔絶された場所には自然村のイメージに近い村も存在したであろうし、耕地の不安定な地域を中心に行われた割地慣行のように、村がセーフティ・ネットの役割を果たした場所もあったが、そうした事例の存在も、支配の都合によって村が切り刻まれる対象であった事実を覆すものではない。

また、権力の分散化が進行するなかで、村の規模や性格も地域によって多様化した。そのため、「幕藩体制下の村」を一義的に性格づけること自体が困難になっていた。ここでは、こうした「村概念の揺らぎ」の延長線上に明治期の改革が存在した事実をいま一度確認しておきたい。

†転封への領民の抵抗

村も藩も切り刻まれ、モザイク模様になっていくなかで、支配の入り組んだ関東平野などでは、幕府領、藩領、旗本領、寺社領等を越えた広域的な治安維持装置が必要とされるようになった。各藩は領知権に基づき独自の警察機構・裁判機構を有していたが、大名同士の協約は幕府の堅く禁ずるところであったから、犯罪者が他領に逃げ込んだ際に、捜査権も裁判権も及ばないことになっており［阿部］、それが問題化したためである。関東取締出役や改革組合村などが結成されるようになった背景には、こうした問題（入り組んだ支配と、支配ごとの管轄権の矛盾）があった。

飛び地の錯綜した関東平野や畿内では、支配領域を超えて流通する通貨・手形なども現れた。これは藩の境界を越えて大商人という権力が台頭してきたことを示すものでもあるが、同時に、それに対する反動も、特権商人の市場独占に対する摂津国の国訴やそれにつづく大塩平八郎の乱などの形で示されることになった。国訴や打ち壊しに加えて、たび重なる外国船の到来もあり、幕府権力の膝元での事変が懸念されたため、天保の改革が不可避となった［藤野］。このとき、海防・警備や、江戸・大坂近隣の飛び地の取締などが問題になったが、それらへの対処のために、一八四〇（天保一一）年の川越・庄内・長岡の三方領知替えや、一八四三（天保一四）年の江戸・大坂近隣地域の上知（じょうち）（知行地の召し上げ）が発令された。しかし、これらはいずれも現地の抵抗によって沙汰止み（撤回）となる。庄内藩の駕籠訴（かごそ）はよく知られている。

幕府の命じた転封に対して領民が反対運動を行うということも秀吉構想からすれば言語道断であったが、幕府がいったん発令した転封や上知について撤回することもまた前代未聞であり、幕府の威信にかかわる重大問題を惹起した。結局、領地を削ったり加えたりという幕府の権限にも疑問符がつくようになり、これらの問題は老中・水野忠邦の政治生命を奪ったばかりでなく、幕府自体の求心力をも奪うことになった。

†開国要求と条約締結

幕府が、たび重なる外国船の到来と「開国」要求に抗しきれなくなったのは先述の上知令の撤回から一〇年後のことである。

近年、日本が鎖国をしていたわけではないという議論は広がってきたが、貿易相手国以外からは「鎖国」にみえたとしても不思議ではなく、たとえばペリーは、日蘭交易が行われていたことを承知の上でもなお「数世紀にわたって事実上世界から孤立し、外国人との付き合いを排除する制度に固執」する日本に対し「開国」を迫ったという認識を有していた（ペリー提督日本遠征記）。『幕末外国関係文書 一』によれば、迎える日本側にも、攘夷論者を中心に通信・通商は「百年以来の厳制を犯」すものという見方があり、そうでなくとも「和親は国禁にして、交易は国力衰微の本」という見方が多数だったのは事実である［田保橋］。

昨今では、西洋の「開国」要求に対して、オランダ風説書などを通じて日本には伝わっていた国際情勢もふまえ、幕閣が、対等に、しかも等距離外交を行ったことも明らかにされている。当初は、急進的攘夷論から積極的開国論まで多様な立場があったが、一八五八年（安政五年初頭）には穏便開国論が大勢を占めるに至った。これが条約締結の背景にあった。しかし、想定外の孝明天皇による勅許不裁可が公武合体路線に亀裂をもたらした。また、薩長が対外戦争を仕掛けるなど、政局が混乱していった［井上］。

締結された条約が、片務的最恵国待遇を認め（一八五四年の日米和親条約）、関税自主権の放棄、片務的領事裁判権を承認する（一八五八年の日米修好通商条約）など、受動的で不平等な内容であったことは教科書にも書かれているとおりであるが、領事裁判権についていえば、これを認めず幕府法によって処罰を行えば、欧米によって日本の司法へのより深刻な干渉が懸念されたため、幕府もこれを望んでいたという。また、関税も結果的には高率（従価税二〇％＝一八六六年まで）になり、日本経済を保護したとはいわれており［井上］、この程度ですんだのは幸運だったという考え方もないではない。

上述のように、この時期の政局は、旧幕府側と明治新政府側のどちらの立場で考えるかによって、正反対の評価になりうる。明治新政府の立場からは、諸外国の侵略性や、条約の不平等性、それに基づく富の海外流出を強調することになり、幕府側からはその逆になるだろう。もっとも、幕藩体制下で、非効率な支配体制や実効税率の長期的低落による脆弱な政府財政では欧米列強に対峙し、圧力を排除できるような国家建設は不可能だったのは事実である［高階］。それゆえ、ということであろうが、当時の外国船対策は、沿岸部における「海防」がもっぱらで、自国の貿易を武力で防衛しようという発想はほぼ皆無であった。むろん、そのことの評価にもさまざまな立場がありうるだろう。

幕府への信用が揺らいだことに貨幣改鋳（金銀比価を利用した金貨の持ち出しへの対応）が相まって貨幣価値が暴落し、インフレが人々の生活を襲った。それ以前から、徐々に進行する分権化と西南雄藩の伸長の中、各地で大地震や噴火が繰り返し発生し、人々が不安のなかで暮らす日々ではあったわけで、外国船の来航とそれがもたらした伝染病のまん延もまた、数多い災厄の一つに過ぎなかったという見方もできる。大政奉還は、そのような状況下で起こった。

〈コロナ禍を受けての付記〉

越中国氷見の町役人が残した日記を翻刻した『応響雑記』という書籍がある［児島］。ここに興味深い幕末の情勢が記されている。アヘン戦争以降、全国的に異国船の出現が報告され、一八五三（嘉永六）年の嘉永小田原地震以降も、有珠山噴火、同年の全国的干魃、翌年の京都大火、伊賀上野地震、安政東海地震、安政南海地震、豊後水道地震、さらに飛騨白川地震、陸前地震、遠州灘地震、安政江戸地震、八戸沖地震、駒ヶ岳噴火、立川地震、萩地震、駿河地震、芸予地震と各地で天災が続いていたが、それに続く出来事として読んでいただきたい。

安政五年二月（一八五八年四月）には飛越地震が発生し、立山カルデラの崩壊によって常願寺川に天然ダムができ、それが二週間後の大町地震で小決壊し、さらに人々が油断していた同年四月に大決壊して、土石流をともなった大水害を引き起こした。日記には、飛越地震にともなう津波や、氷見の北一キロメートルほどの加納出(かのうで)村での液状化現象・地盤沈下が報告され「珍奇の至り」と評されており、四月の土石流についても詳細な聞き書きがある。

この年は天候が不順で、六月に越中国で雹が降った。七月には将軍徳川家定が薨去し、この頃から米価が高騰しはじめ、加賀藩内でも不穏な動きが広がった。金沢の泣き一揆は有名であるが、氷見町では金沢の泣き一揆から数日後の七月一六日、米を津出ししようとした際、浜に「凡ソ百五六十人斗」が集まり、「猟船〔漁船〕凡ソ四五十艘も寄集りとり巻」いて、氷見からの米の移出を阻止した。夕刻には町会所の前に人々が集まり、夜通し明け方まで打ち毀しが続いたという。八月になっても天候は回復せず、「冷涼」「冷気甚し」「冷気つよく水の如し」という日が続いたとある。

七月に魚津で最初の患者が出た「暴瀉(ぼうしゃ)病」（コレラのこと）は八月以降射水(いみず)郡内でも大流行した。八月の夕刻、西方に妖霊星（ドナティ彗星）が出現し、やがて安政の大獄による捕縛が始まる。「兎角当年ハ色々凶災、地ニ而ハ春の地震新川の泥水損、天にてハ彗星、人にてハ七月十六日ゟ(より)騒方、公義の御凶事、天地人の三才ニ渉り如何の災変出来可申哉、人々心根を痛め申候」と日記にある。

翌安政六年四月には、この地で黒煙を上げ「矢より早く」進むロシア船が目撃される。八月には再びコレラが「高岡能州〔能登国〕など烈敷流行」し、富山藩の前藩主・前田利保が死去した。この地域に広く極光（オーロラ）が目撃されたのは、この頃である。筆者の田中屋権右衛門自身もコレラによってその年の一一月二五日に死去し、ここで日記は終わる。

その後も、石見地震、東日本・中部日本大洪水、再び石見地震、桜田門外の変、暴風雨、伊勢湾高潮・木曽三川・天竜川大洪水、宮城北部地震、播磨地震、蔵王御釜の沸騰などと災害はつづいた。幕末維新期の変動は、たび重なる自然災害や疫病などに起因する社会不安との関係で分析すると、政局に基づく分析とはまた別のストーリーとして目に映るのではないだろうか。

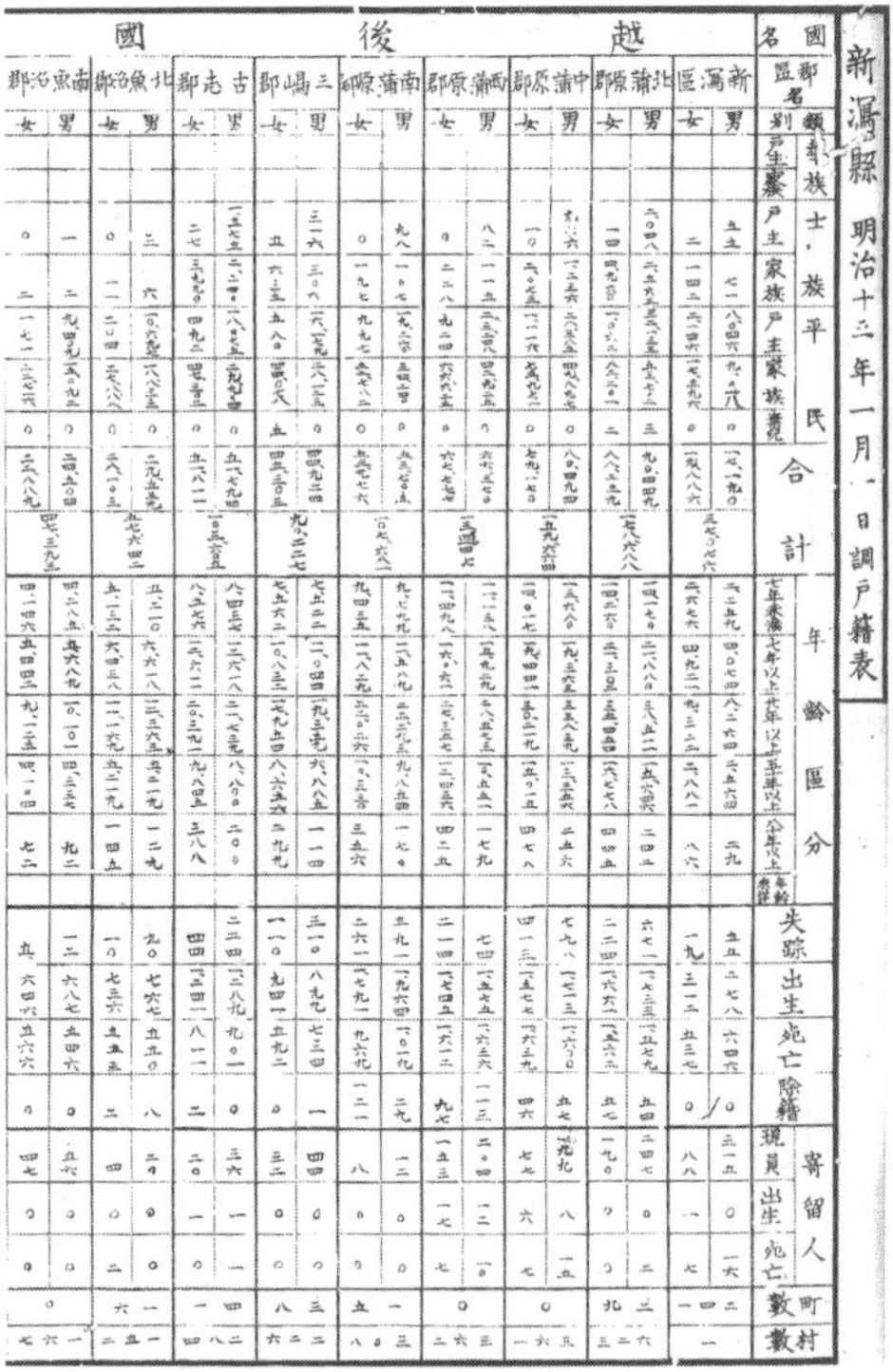
新潟縣 明治十二年一月一日調戸籍表

國名：越後國

郡區名：新潟區、北蒲原郡、中蒲原郡、西蒲原郡、南蒲原郡、三嶋郡、古志郡、北魚沼郡、南魚沼郡

族籍：華族、士族、平民／合計／年齢區分／失踪／出生／死亡／除籍／寄留人／町數／村數

第三章

村の復権構想とその挫折
——明治初期

郡区分人口表（明治13年、新潟県分、総務省統計図書館所蔵「郡区分及国分人口表　明治一三年一月一日調」収載。一番下に町数・村数の欄があり、郡区ごとの町や村の数がわかる。なお、左が1の位でその右が10の位、その右が100の位という序列になっており要注意）

1　維新期における統治方法の転換

†府県制と藩制の併存

廃藩置県までの過渡的政権は、維新政権と呼ばれている。大政奉還によって、将軍に対して委任されていた政務と、幕府直轄領における領知権（貢租収納権・仕置権）が朝廷に返還された。しかし、旧幕府直轄領は全国三〇〇〇万石のうち八〇〇万石にすぎず、その他の藩は残された。府藩県三治制の導入によって、直轄地を府県、それ以外を藩とし、それぞれに知事（～の事を知る（つかさど）の意）が置かれた。本書では、これまで便宜的に藩という言葉を用いてきたが、藩という名称が初めて正式に採用されたのは、このときである（「幕府」も同様に幕末に使われるようになった言葉であるが、やはり通例にならった）。

三治制の導入は、法的には領主を地方官に改めるための改革で、形の上では維新政権が統治を命じたものと説明されているが、府県制（郡県制）と藩制（封建制）が併存し、それよりのちに版籍奉還や廃藩置県が行われていることに照らしても、依然として三〇〇諸侯を相手として集権化を進めなければならないことに変わりはなかった。それは、政権自身が、往古の郡県のとおりにはできないから「封建之侭（まま）」名分が立つようにしたいと述べているとおりである（慶応三年法令第七号）。

また、府藩県ともに旧来の領主・地頭制に立脚して、旧慣に基づいた徴税を行い、そのための支配機構も旧幕時代のものを引き継いだ［双川］。寺社奉行は社寺裁判所（ここでいう「裁判」とは捌（さば）き、すなわち管理・支配の意）、町奉行は市政裁判所、勘定奉行は民政裁判所と改称され（慶応四年法令第四〇二号）、「町奉行組与力同心」は「禄高扶持米等是迄之通（これまでのとおり）」とされた（同年法令第四二三号）。

†版籍奉還

大政奉還後も、国内は東西を分けた内乱によって戦闘に明け暮れ、内治どころではなかったため、一八六九年六月二七日（明治二年五月一八日）の箱館戦争終結を待って集権的統一国家づくりが本格化する。周知のように、戦闘に勝利したのは、幕藩体制下において対外貿易等で蓄財し、武力を肥大させた西南雄藩側であった。そのことが、その後の体制づくりに大きく影響していく。

終戦の翌月には、維新政権の主導により、全国の知藩事（旧領主）から土地（版）と人民（籍）を朝廷に奉還させている。しかし、先述のように、町場では町人が、村では百姓が土地所有権を有していたのであり、改元前であっても藩主が保有していたのは城郭と武家地などのごく一部にすぎない。人民についても、家臣団はともかく、百姓や町人は藩の保有物ではない。だから、これは「残された諸藩」（基本的には幕府直轄地以外）における領知権（貢租収納権・仕置権）の返還と考えるのが穏当であろう。「明治政府は明治二年にすべての大名の領分を没収したが農民や町人が『地主』として所持していた土地はそのままにした」［石井②］というわけである。

それゆえ、版籍奉還は、維新政権の認識はともかく、「明治期になっても王土王民論が根強く存在した」という事実を示すものではない。王土王民論は、集権化（より具体的には「領地拡大」）のためのイデオロギーとしてこの時期に維新政権が積極的に利用した観念であるが、のちには人々の土地を「官没」するための口実として使われたふしもある。さらに、幕藩体制下で公法上の権利と私法上の権利が未分化であったと主張するために援用されているふしもある。

それでなくても分権化の進行を許し、度量衡も幣制も身分制も土地制度も混乱させた状態で迎えた「維新」である。そこでは、秀吉が構想したような集権化が再度課題となっており、王土王民が主張される背景があったということである。もっとも、領知権を返還させたところで、維新政権が直接貢租徴収を行うすべを有していたわけではなく、貢租は引きつづき諸藩が収納した。それゆえ、のちに廃藩置県が必要とされるのである。それでも、藩主の世襲を否定した点と禄制改革は、「家産」に対する介入で、廃藩置県や秩禄(ちつろく)処分の先取りであったといえる。

†飛び地整理の難航

さて、「公議所日記(明治二年六月)」によれば、版籍奉還と同じ頃に、飛び地の整理が議題に上っている。飛び地は「人を通じた土地の捕捉」を体現し、集権化の立ち後れを象徴するものだったからである。公議所では、幕藩体制初期には一円的な知行であったものが、近年は飛び地が多くなって取締や役人往来の上で種々の弊害があるため飛び地を整理したい旨が提案され、賛成多数で可決されている。とはいえ、飛び地の組み替え(村替え)は相手のある話で、公議所で可決されたからといって自動的に進むわけではなかった。これが実行に移されるのは翌年のことである。度量衡統一については終戦前の「明治二年三月」付で公議所に議案が提出され、贋金取締・新貨幣鋳造については「明治二年九月」付で下問されている[吉野]。これらの実現もまた後年のことである。

一八六九年一一月一六日(明治二年一〇月一三日)、東北地方から新政府軍の凱旋と同時に、天皇が東京入りし、全国を統一した「平和国家の元首」として迎えられた[佐々木]。戦時体制が終わりを告げ、領域問題と首都問題が片付き、ようやく内政の改革に向かうことになった。

八〇〇万石で三〇〇〇万石の舵取りをしなければならなかった維新政権は、財政確立と集権化のために、抵抗の少ないと思われるところから「領地」の拡大を試みた。一八七〇年に入ると、まず、旗本領の上地（じょうち）を試み（明治二年法令第一一〇四号太政官布告）、その三日後には、民蔵両省が諸藩の飛び地を近隣の府県に「還納」させる方法について話し合うことを決めた。さらに、諸藩に寄託していた官領地について府県の管轄とした。これらについて、飛び地組み替えの方法が決定され、「実収入額」に基づいて土地を交換することとされた［大内①］。ここで、実収入額と断っているのは、表高と実高には大きな懸隔があることを、政府も承知していたためである。

いうまでもないが、領地拡大のために利用されたのが「王土王民」観念であり、にもかかわらず、飛び地整理の際に、土地をほぼ等価に区切って「交換」しているのは、この観念が実質をともなっていないことを、やはり政府自身が承知していたためであった。

ともあれ、上記の換地方針に基づいて、大規模な例では山形県領形成に関わるものと、下越地方（越後国）の組み替えが行われ、ほかに高徳（たかとく）藩（下野（しもつけ）国）、小田原藩（相模国）など数十藩と直轄府県との間での換地が実施された。しかし、組み替え過程での現地の抵抗は大きく、関係諸藩および村役人らが藩を超えて連帯し反対運動に及んだ例もあった。飛び地組み替えは、とくに藩側にとってデメリットが多かったためである。そして、「実収入額」を詮索することもまた、当然、農民らの反発を招いた。

結局、予定した案件については換地を強行したものの、反対運動にはよほど手を焼いたとみえて、この作業を担当した民部省は、一八七〇年一一月八日（明治三年一〇月一五日）、飛び地整理を中断し、一時棚上げすることにした。三〇〇諸侯を相手に、個々の土地について大きさをそろえて交換するという作業をつづけていては、飛び地整理は遅々として進まず、根本的な発想の転換が必要だということがわかってきたからである。つまり、全国土を中央政府の手中に収め、機械的に組み替えるしかないことを自覚したのである。そのこともまた廃藩置県構想の底流となった。

†戸籍法における居住地編製主義への転換

一八七一年五月二二日（明治四年四月四日）に公布された統一戸籍法は、施行された明治五年の干支を冠して壬申戸籍と通称されるが、これは土地と人間をめぐる関係に転換をもたらした画期的な法令であった。「族籍別編製」をやめて「居住地編製主義（属地主義）」に転換したためである。すでに先年来京都府で実施されていた戸籍仕法において、支配身分であった武士（明治維新以降は士族）が調査対象に加えられ、以前は調査主体であった寺院が、こんどは調査の客体になるなどの点において重大な転換がもたらされていたが、士籍法、社寺籍法などといった族籍別の戸籍編製は早晩に放棄され、このときに居住地編製主義に取って代わられたのである。

この居住地編製主義への転換は、族籍（旧身分）に基づかず、地域ごとに編製する、すなわち「土地を通じた人の捕捉」を導入したという点で画期的だったのである。これは、身分を超えた編製を意図した「開明官僚」の近代性（平等観）を反映したものと説かれることが多い。しかし、これまでにみてきたように、身分に基づいた棲み分けそのものが幕藩体制下ですでに形骸化しており、族籍ごとに戸籍編製する基盤自体が失われていたのである。また、族籍ごとに編製すると、帳簿から誰かが漏れている場合にそれを自覚しにくいという問題もあった。

それらの意味で、族籍別編製を導入する必然性も、メリットも、すでに存在しなかったというのが実態ではなかったか。他方で族籍ごとの集計は続いている点からしても、戸籍法が身分の平準化を目指したという評価はあたらないように思われる。そして、おそらく居住地編製主義が導入された最大の理由は、人間が移動（移住）するということであっただろう。動かぬ「場所」において、動く「人間」の実数を調査の時期ごとに捉えるという発想に立ったと考えるのが、無理のない解釈ではないだろうか。

もっとも、戸籍法導入に現状追認の面があったのは事実であるが、戸籍とりまとめの最初の年には天皇・皇族も「人数」として、一般人と一括してカウント・集計していた点、さらには戸籍法の調査項目が、区、町村、戸、社、寺、家持・借家、年齢、「廃疾」等々であり、職業別人口調査の性格を備えた総合調査でもあった点など（徴兵制もこれを前提として可能になった）、戸籍法が画期的であったことには疑いがない。そして何より、先述のように、土地と人間をめぐる関係の大転換をもたらすものとなった。

居住地編製主義について付言すれば、戸籍法は、今後は遺漏なきよう官私の差別なく「臣民一般」をその「住居ノ地」に基づいて戸籍に収めるとしているものの、当初は「屋舗（やしき）」に番号を振って把握するという方式であり、土地に番号を振るには至っていない。

町方と村方を超えた支配へ

戸籍法が公布されたのは、廃藩置県の前であり、維新政権の直轄府県、藩領等々、さらには村まで含め、飛び地に彩られていた時期である。戸籍法による領域的統治は、支配の分裂と飛び地に阻まれ、行き詰まらざるをえなかった。また、諸藩にまで総合的人口調査を義務づけることにも三〇〇諸侯らの抵抗は大きかったであろう。むろん、そのことは政府自身も重々承知であったと思われる。戸籍法には当初から「戸籍調査ハ来ル申年二月一日ヨリ以後ノ事」と記載され、実施には一年近い準備期間が設けられていたからである。とはいえ、「当面は実施しない」ことを前置きしながらも、現状との矛盾を自覚しながら府藩県のすべてに対し施政方針を明示した点に政府の決意を見てとることはできよう。

これを裏側からみれば、戸籍法の「領域的統治」構想は、廃藩置県やそれに引きつづく第一次府県統合による郡県化をあらかじめ想定して組み立てられていたともいえる。このような積極方針の背景には、三カ月前に薩長土三藩の兵力が新政府に献上され、その後、天皇の御親兵として再編成していたことがあったろう［坂野］。

また、戸籍法には町と村を一緒に扱った箇所がみられる。「町村」は、現在では普通に使われる言葉であるが、当時はまだ耳慣れない言葉であった。戸籍法では、順序が「丁村」「村丁」と不統一であったり、町場の表記が「町」（＝旧町人地を指す）「丁」（＝旧武家地を指す）と不統一であったりすることも、それを裏付けるであろう。戸籍法公布当時においても、幕藩体制以来の支配がつづいており、町方と村方とは異なる系列で支配されていた。それゆえ、町と村は依然として別のものと考えられ、それらを一緒に取り扱うなどという発想自体がなかったのである。

戸籍法については、身分を超えた編製ばかりが強調されるが、町と村を一括して扱うこと——これも身分を超えた編製には違いないが——もそれと並んで画期的なことであったといえる。町方と村方を超えて人々を把握しようと考えるようになった背景にも、やはり「人を通じた人の捕捉」から「土地を通じた人の捕捉」への転換がある。村方か町方かを問わず、「土地」として理解するようになったということである。その意味でも、「土地と人間をめぐる関係の大転換」なのである。

もっとも、実のところは、先述のように町と村の間の棲み分けも形骸化していたため、この境界領域の支配をどう再構築するかも当時の課題だったのであり、これもまた現状追認という面があったのは事実である。一八六九年三月一七日（明治二年二月五日）の「府県施政順序」の頃には「郡村市街ノ境界ヲ正スハ生産ヲ富殖スル基ナリ」として、一方で郡村と市街とが犬牙錯雑し、他方でスプロール化により境界が有名無実化している現状をよそに、幕藩体制以来の建前を繰り返していたが、ようやくここに来て、今後、町と村をどのように統一的に扱っていくかという課題に向き合うようになった。その意味で、「町村」という言葉の出現は、町方と村方を超えた支配の再編（＝空間の斉一化(せいいつか)）を予期させるものでもあった。

2　廃藩置県と村の復権構想

†廃藩置県と府県統合

一八七一年八月二九日（明治四年七月一四日）、廃藩置県が断行され、三府四五県二六一藩を廃して三府三〇二県が置かれた。知藩事（旧領主）は職を解かれ、東京在住を命じられた。とはいえ、戦闘に勝利し各地の武将を鎮圧することがそのまま天下統一の実現を意味するものではなかったのと同様に、三〇〇諸侯を馘首（かくしゅ）したからといって、自動的に統一国家ができあがるわけでもなかった。全国の県は、旧藩の領地を引き継いだままで、飛び地に彩られており、まず統治のためのモジュールから作っていく必要があった。

そういう事情もあったため、廃藩置県は藩の看板を県に付け替えただけ、と説明したくなる気持ちもわかるが、全国の支配が名実ともに新政権に一元化されたことにより、三〇〇諸侯を相手に飛び地の組み替えをする必要がなくなった意義は大きい。そこでさっそく取り組まれたのが府県統合である。

廃藩置県から三カ月後の一八七一年一二月一〇日（明治四年一〇月二八日）には第一次府

県統合の最初の法令が公布された（それ以前にも個別の統合はあった）。第一次府県統合とは、全国の府県の「飛び地」を組み替え・整理しながら、府県を数の上で約四分の一に統廃合するもので、一八七二年一月二日（明治四年一一月二二日）までに、六回に分けて一一本の法令で飛び地を組み替えながら府県の規模を整理した。

たとえば、当時の二本松県（現在の福島県中通り地方）は、廃藩置県前の単位でいえば、二本松藩、福島藩の旧領を基本とした上で、関宿・棚倉・白石・館・足守・黒石・刈谷・三池・石岡・高田・新発田・土浦・会津の各藩と直轄府県（旧幕府領）から領地を引き継いでいる。つまり領域内にこれだけの飛び地が入り込んでいたということである。それらの藩の本拠地は、北海道から九州にまで及んでおり、戊辰戦争後に配置換えしたものも含め、当時の飛び地、入り組みの大きさを示している。第一次府県統合は、これらを一片の法令で大胆に組み替えたのである。

廃藩置県前には難航し、棚上げされた飛び地整理であったが、わずか一カ月足らずで機械的に土地の組み替えを終えたことになる。府県統合とはいうものの、統合されたのは県のみで（廃藩時三府三〇二県→統合後三府七二県）、中には分割もあったのだが、府との土地の組み替えもあったためにこのように呼ばれたのであろう。

ともあれ、こうして府県レベルでの郡県化が実現し、一円的な統治が可能となった。

「人を通じた土地の捕捉」から「土地を通じた人の捕捉」への転換が行われたということである。郡県化が「集権化」と「土地を通じた人の捕捉」という二重の意味を帯びた点に近代的性格が集約されている。これ以降、国概念も、徐々に個々の領国から日本（＝国家）へと意味を変えていく。つまり、実質的な廃藩置県（＝郡県化）は第一次府県統合によって達成されたのであり、この第一次府県統合までの一連の過程を廃藩置県と呼んだ方がその性格をよく理解できると思うのだが、いかがであろうか。

†府県統合の狙い

こうした転換を前提として、その後、まず国（国家）ありきで、国をいくつかの府県に、府県をいくつかの郡に、郡をいくつかの大区に、大区をいくつかの小区に……と区切っていく統治の方法が採用されるようになる。

また、府県統合は、単に飛び地をなくして府県の規模を揃えたという面だけでなく、旧来の藩を整理統合し、旧体制への回帰を不可能にしたという側面があり、この点は強調されてよいと思われる。とはいえ、新しい支配体制がすぐにできたかといえばそうではなく、とくに分割された県の場合、事務の引き継ぎが難航している（これは村や町の場合でも同様で、帳簿類の分割は統合よりもはるかに難しいからであろう）。たとえば一八七一年一二月三一日（明治四年一一月二〇日）に金沢県を分割して置かれた三県（金沢県のちに石川県、七尾県、新川県）では、新県設置から三カ月経た後も「元金沢県」が三県の事務を取り仕切っていた。その後、それぞれの県庁が設置され、新たな官員が採用されてようやく三県の行政も軌道に乗った。

一八七二年一〇月六日（明治五年九月四日）に公布された「地券渡方規則増補」（明治五年大蔵省第一二六号）では、持ち主の有無にかかわらず、「荒地」については「一郡限」で反別を記載した「絵図面」を添えて届け出よ、とされている（第三三条）。つまりこの段階で、荒蕪地も含め、あらゆる土地をどこかの郡に所属させるという方針が示されている。所有関係の明確化はあとに回して、ともかく、国土を府県、府県を郡に区切り、郡県化を府県・郡段階まで及ぼそうという意向がうかがえる。

もっとも、郡内の、どこの村にも属さない土地をどこかの村に帰属させる（村の郡県化）という重要な作業が残っていたが、それは、当面は見送られた点に留意したい。なぜ見送られたかについても明確な理由があるのだが、この点については後述する。

†石高制と村請制の利用で可能になった貢租徴収

さて、廃藩置県が、版籍奉還にともなう諸藩からの領知権返還を実質化するものとして断行されたことはすでに述べた。このとき、三〇〇諸侯がそれぞれに行っていた貢租徴収を、新しい政権が、しかも（数カ月後には府県統合がなされたために）新しい府県の単位で引き継ぐということは、大きな困難をともなったはずである。これはいかにして実現できたのであろうか。

結論からいえば、旧来の石高制と村請制をそのまま利用することによって、辛うじてこれが可能だったのである。分権化による度量衡の混乱や帳簿と実態との乖離、「独自ルール」の出現など、秀吉構想から逸脱してはいたが、それでも決められた石高を村ごとに負担するという、村請制の根本原則は生きていて、新政権は、この貢租収納システムをそのまま利用したのである。そのため、第一次府県統合による新県設置の際も、金沢県（加賀国一円、四六万石）、七尾県（能登国一円・越中国射水郡、四六万石）、新川県（越中国砺波郡・新川郡・婦負郡、六八万石）というように石高を付して表記されていたし、そもそも府県統合自体が四〇万石という石高を目安に実施された経緯がある。もちろん、個別の局面では地元の事情を反映させた部分もあるが、特定の石高を目標に整理するという発想自体に廃藩置県の「意義」をみてとることができよう。

混乱を避けるためか、「当然である」という印象を与えるためにか、租税については、「当未年（＝明治四年のこと）」はことごとく「旧貫」（＝旧慣）による、という簡単な一文で説明されている（明治四年太政官第三六七号布告）。従来どおりというのは、一見、低姿勢で妥協的な印象を受けるが、抵抗なく現地を従わせるには既存の支配機構を「利用させていただく」ほかに方法はなかったであろうし、現地側も、そうでない場合、新政権に素直に従う道理もなかったように思われる。結果として、旧慣による課税という名目で各地の「独自ルール」をそのまま認めたため、府県統合も相まって同一府県内に多様な税制や税率を抱え込むことになり、これがトラブルの原因となったのは皮肉である。

もっとも、府県ごとにみれば、年内は旧慣どおりという説明とは裏腹に、可能な地域から、予定を前倒しして改革が開始された例もある。金沢県（旧加賀藩）では、第一次府県統合を待たずに郷村の支配機構改革に着手し、秀吉の中間得分改革さながらに、いわゆる代官扶持米や役料の名目を廃止している（ただし、翌年には給与という名目で同額が支給されていることからすれば、名目上の変更にとどまったともいえる）。関所・境界地での物品輸出入の際の口役銀・口銭も「元金沢県」では一八七二年三月（明治五年二月）には撤廃されている。こうして、少しずつ統一国家に近づいていったわけである。

†地方官の任命と士族の抵抗

廃藩置県によって旧領主が解任されたのちには、府県の統治を任された地方官（一八七一年一二月一三日に府知事・県令と改称）が中央政府によって任命・派遣されるようになった。全国の領主を「石高制官僚」にし、年季を定めて交代させるという秀吉構想は、このときに、このような形で実現されたのである。府知事・県令は、秀吉構想とは異なって、「家臣団」をともなって赴任したわけではないので、統治の安定が懸念されもしたが、事態はおおむね順調に推移した。もちろん「難治県」も存在したが、それは例外であったためにそう呼ばれたのである。

当時の府県は、現在とは異なって、名実ともに国の出先であった。しかし、それでもこの時期の地方官は「殿様にでもなったつもりで、年貢を勝手に減免した」という評価もないではないし、当時は、府県がいくら税を集めいくら使ったかも大蔵省が把握できないという状況（集めた租税のうち、府県で使って残った分を上納する仕組＝純額主義）であったから、この事態を打開するために、その後、地方官だけでなく府県運営全般に関して規制が加えられていくことになる。考えてみれば、幕藩体制下では諸藩に対して軍役を課してはいたが、貢租の上納をさせていたわけではなく、租税を中央政府に集めるということ自体が、経験としては久しく途絶えていたものであった。

このときの集権化を考える上で重要なのは、（国ではなく）府県が徴収している租税を、どうやって国が「自身のもの」として確保しようとしたかという点である。その答えは、税源の競合をなくすため、「府県の取り分」を明確化することが、結果として「国の取り分」を明確化することにつながったのだという。それがのちに制定された地方税規則(一八七八年)の意味であり、一見すると「分権化」のように思われる改革が集権化に寄与しているという不思議でもある〔関口〕。

府県統合によって、廃止した諸藩の支配体制を整理する意図も明確にされた。この時期に、士族(旧武士)に対して「無為徒食」「抗願坐食」などと表立って批判が繰り返されたのも、上記の意図を反映したものである。幕藩体制下の支配機構は支配身分の武士が担い、軍事組織と民政支配組織とが複合・一体化していた。このたびの集権化の上では、民政支配の部分は引き継いで、軍事組織の部分は解体させるということが重視された。加賀藩の場合、家臣団は直臣だけで七〇〇〇人以上にのぼったが、過半が軍事組織の側に属していた(足軽だけで六割強)。他藩もおおむね同様の傾向であったろう。

そのため、常備軍を新たに設置し、全国的に既存の軍事組織を解体することとなったが、人口の約一割弱といわれる士族のうちの大部分の解雇(秩禄処分)は、社会的には大きな打撃であり、佐賀の乱から西南戦争に至る士族反乱、大久保利通の遭難など、さまざまな形で抵抗を受けた。抵抗の背景には、一部に家禄を家産(プロパティ)とみなすような考え方があったといわれる〔水谷①〕。領知が「当座之儀」でなく、相続されるようになれば、家禄が家産とみなされるのも不思議ではなかった。

「歳出を削減し、かつ従来よりも強力な軍隊を」という要請には、徴兵制によって成人男子を一定期間訓練し、その後、地元に戻すということを繰り返して「国民皆兵」（とはいえ男性のみ）を実現しようと試みられた。秀吉構想以来の兵農分離を見直して、「兵農ヲ合一ニスル」ように転換すると説明されたのである（徴兵の告諭）。もっとも、先述の士・兵の区別でいえば「兵」を広く徴したのであって、その意味では平準化を目指したとはいえなかったのであるが。悲惨をきわめた西南戦争は、徴兵制の試金石でもあった。当初、軍事は内治に向けられたのである。

†雑税・藩札の整理と地所番号の誕生

廃藩置県の際に各地の旧慣をそのまま引き継いだことや、異邦人支配の便宜のためもあって、民情や地勢、税法など各種の調査（「府県資料」や「皇国地誌」など）が地方官に命じられた。これらの中には、完結しなかったものや、関東大震災や戦災で焼失したものも多いが、残された部分からは、各地の民情や旧慣の多様性が垣間見られる（「府県資料」は国立公文書館のウェブサイトで閲覧可能である）。

『明治財政史 第五巻』には、全国に存在した「千五百余種」にのぼる雑税が一五ページにわたって列挙されている。小物成の流れを汲むものも含まれてはいるものの、中には、思いつくものには何でも税をかけていたのではないかと疑われるものもあり、(秀吉の改革以来懸案であった)諸税の一元化や農工商間の負担公平化なども廃藩置県後の課題となったのである。これらは、一八七五(明治八)年の雑税整理やその後の酒税、煙草税など間接税の創設といった形で実現されていく。もっとも、雑税整理以前に各府県で整理された事例もあり、府県の側でも問題を感じていたであろうことがわかる。

また、廃藩置県後、藩札の整理を目的として実態調査が行われた結果、八割以上の藩で藩札が発行されていたことがわかった(先述)。さらに、北越戊辰戦争に際し維新政権自身が太政官札を大量発行したことも相まって、こうした藩札等を整理し、貨幣の統一とその安定を実現することが重要課題となっていた。これについては、大蔵省内での反対論を押し切って廃藩置県のふた月半前に新貨条例を導入し金本位制の導入と一両=一円とする新制度がすでにスタートを切っていた。また、藩債の処理も同様に課題とされたが、その点についてここではふれない。

第一次府県統合後の一八七二年二月一一日(明治五年一月一三日)には、戸籍調査の実施直前になって戸籍法が改正された(明治五年太政官第四号布告)。そこでは、従来の屋舗番号に基づく調査から、「番号ハ地所ニ就テ之ヲ数フ」という原則に改められている。従来の屋舗番号方式では、家のない場所に番号はつかないし、新しく家が建った場合に番号が混乱するため、土地自体に番号を振る必要があったのであろうが、主としては、同じ時期に地券発行（壬申地券）を準備していたこととの関係で法の改正に至ったものと考えられる。「地所番号（＝地番・番地）」という考え方が誕生したのもこのときである。この変化も、郡県化を表現したものである。

このときに住居表示は「〇〇県（▽▽国）△△郡□□村（字☆☆）××番」といった表記になり、それがそのまま地券番号になった。そのため、原則として一村ごとに通し番号が付けられた［佐藤］。つまり、地所番号に基づいて戸籍調査も地券発行も行おうと考えられたのである。それは、交付された地券を元に税の徴収を行おうということでもあった。

とはいえ、これらはあくまでも「計画」であって、戸籍については地番に基づく調査がこのときに実現したわけではないし、土地に番号が振られたといっても、それは村の領域に組み込まれている土地、しかも民有の耕宅地にとどまった。広大な未帰属地に対する処理は、依然、課題として残されたのである。

†近代行政の受け皿としての村の復権構想

さて、郡県改革を推進する明治政府は、一八七二年五月一五日（明治五年四月九日）にこれまで名主や庄屋（法令では「荘屋」）などとされてきた村役人の名称をすべて廃止し、「戸長」「副戸長」に変更するという太政官布告を公布した（明治五年太政官第一一七号布告）。そこには、これまで取り扱ってきた事務はもちろん土地人民に関わる事務も一切戸長らに取り扱わせるという一文も付されていた。

おそらく、戸籍調査が町村ごとに旧庄屋・名主によって担われたことを追認し「改称」としたのではあろうが、名主・庄屋は、基本的には町村ごとに置かれていたから、これを戸長に改称するとなると、「四五丁モシクハ七八村ヲ組合」せて区を定め（戸籍法第三則）ここに「戸長」「副戸長」を置くという、戸籍法に基づく従来の町村連合方針と矛盾する。そのため、全国の府県から確認のための伺いが相次いだが、当時の大蔵省（内務省設置以前は、大蔵省が地方行政を所管）は村役人（町役人）の「名称の変更である」と繰り返したばかりでなく、戸籍法に基づいて置かれた戸長・副戸長は廃止すると明言している（山梨県からの伺いに対する明治五年八月二七日付指令）。それでは、戸籍法によって置かれた区の吏員の名称についてはどうするのかという伺いも出されたが、大蔵省は、これに対しては回答を与えていない。

その翌日（一八七二年五月一六日）には、「従来一村中分界ヲ立取扱来ルモノヲ一村ニ合併セシム」という太政官布告が公布された（明治五年太政官第一一九号布告）。こちらの法令の意味は、村の性格を一元化して、村の中の村を解消するということにある。これは、「石高制の帳尻合わせ」のために切り刻まれていた村を再統合するという趣旨であったと考えられるが、これは、各地で実際に行われた合併の現状を追認したものでもあった。また、村にせり出した町場（町並地、相対請地、町立など、地域によって呼称はまちまち）を解消して、村の区画と「行政」の区画を一致させる意味として受け止められた場合もある。いずれにしても、村を旧に復するものと理解されたことは間違いない。

これらの二つの法令とそれをめぐるやりとりが示しているのは、切り刻まれていた村を立て直して、ここを近代行政の受け皿にしようという政府の方針である。これは、第一次府県統合によって郡県化が府県段階で達成されたために提起されたのである。このときに政府は、戸籍法が示していた町村の連合事務については言及を避けており、方針の変更とは明言していないが（先述）、明らかな変更である。

方針変更の背景には、先述のようにこの時期に、戸籍と地籍を一致させ、地籍に基づいて地券を発行し、それに基づいて課税するという仕組が構想されていたことがあったはずである。そして、村請制の存在もこれを補強したであろう。つまり、村の区画に、人も土地も紐付けして、それに基づいてその他の行政事務も一元的に管理しようという発想が再び出現したのである。つまり、村の復権が構想されたということである。地籍については、村ごとに通し番号を付けるという方針だったこともあり、村を立て直し、ここを基盤としてその後の近代行政を組み立てていこうと考えたのも不思議ではない。

「不干渉・無関心」ののち、「石高制の帳尻合わせ」によって切り刻まれていた村が、近代行政の受け皿という、新たな意図をもって作り直されようとしたわけである。のちに自然村として定式化されたような、自足的・完結的な村のイメージは、このときに喚起されたと考えられる。たとえば、一八七六年の「大久保上申書」において、郡と並んで村が「固有ノ慣習」や「古来ノ慣習」とされたように、こうしたイメージは繰り返し参照されるが、重要なのは、「そうあるべきもの」としてそれが（想像／創造）されたのであって、現実の村がそのようなものとして存在していたわけではないということである。

3　村の復権構想の挫折と「戸長の時代」

†明治初年の町村数データの不在

管見の限りでは、明治初年の町村数を府県ごとにとりまとめた統計資料は存在しない。もちろん、特定時点、特定地域のデータはいくつも見つかる。ところが、政府の責任で条件を揃えてとりまとめた全国的かつ連続的なデータがないのである。著者（荒木田）が一九九〇年代半ばに明治前期の地方制度史研究を開始した際、このことを知って驚いた記憶がある。地方統治を考える上で、町村（市が発足したのは一八八九年四月）が重視されるのは当然であり、それらの統計が存在することもまた自明と考えていたからである。

しかし、当時の支配は維新政権の直轄領だけでなく多くの藩に分かれていたし、「空白の四半世紀」と呼ばれるような動乱期で、統計を整備できる状況になかったことも事実である。他方では、先述のように明治維新期の村は「石高制の帳尻合わせ」のために切り刻まれた存在であり、村の数をどのようにカウントするかも自明ではなかった。そのため、全国の町村数が曲がりなりにも数えられるようになるのは、一八七二（明治五）年以降のことであった。とはいえ、これも町村数の把握自体を目的としたのではなく、統一戸籍法に基づく調査が町村ごとに実施された結果、集計過程で町村数もたまたま記録に残ったというものである。

全国の戸籍調査の結果をとりまとめたものが「日本全国戸籍表」である。戸籍法は、戸籍表作成の手続に関しては規定していなかったが、これを集計する過程で、結果として「郡区分戸籍表」「県分戸籍表」など、それぞれの段階で中間集計の報告書が作成された［細谷］。これらの中に府県ごと、あるいは郡ごとの、町や村の数が記載されているのである（本章扉参照）。これらを集計したものが表2である。おそらく、明治前半期の町村数統計はなかなか読者の目にふれることもないと思うので（政府の内部文書として最初の五年分を集計したものは「大森鍾一関係文書　一九」〔市政専門図書館所蔵〕にある）、ここに掲載しておきたい。

この表を作成するための調査の過程で、「日本全国戸籍表」の中間集計史料群が国立公文書館、日本経済統計情報センター、総務庁（現在は総務省）統計図書館に分散して保管されていることがわかった。前二者は通い慣れた場所であったが、統計図書館へは、大江戸線や副都心線の開通前に、汗をかきながら歩いて通った覚えがある。現物は、閲覧室階下の閉架書庫に設置された桐簞笥の中に保管されていた。

こうした史料は、和紙に墨で漢数字を縦書きしたものであったが、ところどころに虫喰いがあり、文字どおり「虫喰い算」をすることになった。また、たまに前掲の新潟県の県分戸籍表（本章扉参照）のように、漢数字を横書きしたものも存在したが、位取りが現在と逆で、一の位が左側にあるなど、読み取りに注意が必要であった。それらの理由もあって、掲載した表は誤りを含んでいる可能性があり、今後、本書の読者によって訂正されることを願っている。さらにいえば、町と村は分けて集計した方が有用であると思われることも併せて記載しておく（いま再調査・再集計する余裕がない）。

	1873年	1874年	1875年	1876年	1877年	1878年	1879年	1880年	1881年
堺県	1,091	1,091	1,094	1,084			2,584	2,650	2,591
兵庫県	618	565	608	566			3,416	3,407	3,348
飾磨県	2,167	2,026	2,054	2,053					
豊岡県	1,707	1,696	1,687	1,667					
奈良県	1,751	1,761	1,748	1,664					
和歌山県	1,698	1,690	1,673	1,652			1,639	1,643	1,643
鳥取県	1,490	1,530	1,529	1,540					
島根県	643	641	641	554			2,310	2,318	2,318
浜田県	557	557	557	416					
岡山県	854	854	856	1,637			1,835	1,837	1,795
小田県	874	874	831						
北条県	654	654	653	653					
広島県	1,024	1,018	1,015	1,015			1,226	1,212	1,214
山口県	801	797	797	682			654	650	691
徳島県									647
名東県	919	1,414	1,374	914					
香川県	483			462					
愛媛県		1,125	1,131	1,107			1,519	1,598	1,617
石鉄県	658								
神山県	510								
高知県	1,352	1,153	1,256	1,073			1,671	1,684	1,038
福岡県	991	991	991	1,006			2,059	2,055	2,036
三潴県	855	880	880	883					
小倉県	906	912	912	912					
佐賀県	959	414	414	657					
長崎県	442	422	425	425			1,128	1,039	1,092
熊本県							1,441	1,422	1,415
白川県	2,055	2,066	1,887	1,736					
大分県	1,818	1,818	1,818	800			1,198	1,198	1,198
宮崎県	428	422	421	418					
鹿児島県	786	786	786	823			1,340	1,278	1,286
琉球藩	613	615	?	?			592	無記入	586
合　計	82,797	81,423	79,852	75,786			71,045	70,897	70,118

表２　明治初年府県別町村数

「日本全国郡区分戸籍表」「県分戸籍表」等を参照。調査基準日は毎年１月１日である。1872年度分は、基準日が異なるなどの理由で割愛した。琉球藩は1879年４月４日から沖縄県。1877〜1878年の両年度分の調査結果を欠くのは、西南戦争にともなう「地租軽減歳出削減の詔書」を受け、1877年２月５日（明治10年太政官達第20号）によって、さらに規則が定められるまでは提出不要とされたためである。なお、手書き・手計算資料のためと考えられるが、計算上の合計と合計欄の数値が相違する場合も散見される。たとえば、1873年は全府県の町村数合計が史料合計より４少ない。1881年の合計は史料上の合計よりも843多い。また、1880年は、全国の数値に小笠原（14）を足したものが合計欄の数値である。1875年および1876年は「全体の数値」と「青森県から鹿児島県までの数値」との差が、北海道開拓使と琉球藩の合計に相当すると思われるが、個別のデータがなく、双方を「？」とした。そして、府県名は同じでも、府県分合や郡レベルでの移動など、管轄区域に変化がある。この点については逐一触れることができない。

	1873年	1874年	1875年	1876年	1877年	1878年	1879年	1880年	1881年
北海道開拓使	720	782	?	?			825	827	827
青森県	1,349	1,326	1,343	1,355			1,012	1,014	1,014
岩手県	563	563	563	542			642	717	745
水沢県	359	356	356						
宮城県	752	750	748	748			915	924	921
秋田県	1,651	1,548	1,525	1,478			1,222	1,228	1,225
山形県	597	616	595	580			1,562	1,572	1,495
置賜県	356	356	356	384					
酒田県	923	961	923						
鶴岡県				891					
福島県	503	505	505	504			1,788	1,926	1,779
若松県	1,188	1,190	1,190	645					
磐前県	871	803	714	800					
磐井県				221					
茨城県	1,023	1,019	1,019	2,190			2,190	2,168	2,175
新治県	1,281	1,281	1,274						
栃木県	802	1,570	1,570	1,390			1,198	1,198	1,198
宇都宮県	903								
群馬県	1,112						1,221	1,213	1,214
埼玉県	997	983	952	976			1,914	1,909	1,909
熊谷県		2,069	1,996	1,967					
入間県	1,019								
千葉県		2,785	2,590	2,509			2,441	2,438	2,234
木更津県	1,470								
印旛県	1,315								
東京府	1,632	1,755	1,786	1,786			1,781	1,726	1,722
神奈川県	951	1,029	938	946			1,301	1,358	1,349
足柄県	753	755	756	720					
新潟県	2,118	4,438	4,462	4,555			4,946	4,959	4,890
柏崎県	2,456								
相川県	350	350	334	334					
新川県	2,765	2,769	2,778	2,744					
石川県	2,465	2,389	2,421	2,370			6,509	6,800	6,791
敦賀県	808	1,896	1,996	2,014					
足羽県	1,222								
山梨県	858	822	658	359			323	321	321
長野県	932	931	910	862			701	691	714
筑摩県	1,428	1,422	1,180	193					
岐阜県	1,641	1,639	1,358	1,308			1,331	1,328	1,346
静岡県	926	927	876	884			1,987	1,985	1,992
浜松県	1,142	1,142	1,163	1,133					
愛知県	2,960	3,079	3,077	3,050			2,311	2,309	2,324
三重県	1,094	1,096	1,071	1,026			1,825	1,850	1,817
度会県	913	874	863	830					
滋賀県	1,895	1,864	1,775	1,775			2,143	2,072	2,074
京都府	2,956	2,952	2,900	2,848			3,307	3,305	3,316
大阪府	1,070	1,059	1,046	1,051			1,038	1,054	1,054

†地域によって性格の異なっていた村

さて、この「日本全国戸籍表」の付随調査によって割り出された町村数を、ほかの統計とクロス集計してみれば、町や村と呼ばれるものも、地域によって性格が異なっていたであろうことがわかってくる。府県によってばらつきはあるものの、西南日本には、面積・人口・石高のいずれもが大きい県が見受けられ、東北日本にはそれらのいずれもが小さい県が見受けられる。たとえば、一八七三(明治六)年一月一日現在、一町村あたりの平均戸数は、長崎県で三二一、香川県で二五九、山口県で二三六、鹿児島県で二二一であり、他方で、若松県で三一、酒田県で三八、北海道開拓使で四二、宇都宮県で四五となっている(後掲表5も参照)。県によっては、一〇倍近い規模の開きがあったということになる。

西南日本では、幕末にはすでに村の役場を独立して建て、庄屋を輪番としていた例がみられ、関東や畿内では、庄屋を選挙(入札)していた例も知られている。それに対して東北日本の小さな村々では、明治期半ばに法令で独立した役場を設置せよと通達された後も、村長(これも旧来の世襲庄屋が就任した場合が多い)の自宅を役場にすることが多かった。個人宅に村文書が残るのもそのためである。また、同一県内でも、一〇〇〇石を超える規模の大きな村から、極小規模の村、無民戸(むみんこ)の村まで大きな格差を抱えていた。

総じて、全国的にみれば村の規模は地域によってまちまちで、役人の選出方法も含め、村々の性格もまた一様ではなかった。幕藩体制下において全国が三〇〇諸侯の領邦国家に近づいていくなかで、村は、辛うじて石高制・村請制の「臍の緒」――貢租をとりまとめる単位としての性格――を残していたというのが実情ではなかったか。また、廃藩置県（第一次府県統合）や明治五年太政官第一一九号布告（先述）以前であれば、相給の村をどのようにカウントするかという問題もあっただろう。

つまり、地域によってまったく性格の異なる「村」を、同じ名前で呼んでいた可能性があるということである。そして、それが統一的な町村数統計欠如の背景にあったかもしれない。こうした、性格の一様でない村々を一律にカウントすることに意味があるかどうかはわからないが、カウントしてみてはじめて村概念の多様性を確認することができ、意味の有無を考えることができたという面はある。無駄かどうかは、無駄足を踏んではじめてわかるということでもある。

この話を紹介した理由は、廃藩置県後に出現した村の復権構想の「その後」を考える手がかりになると思われたからである。すなわち、規模も性格もまちまちであった村々を整理統合し、その性格を一元化し、ここに総括者を置いて近代行政区画としてまとめ上げていくということは一朝一夕には不可能であった。逆説的ではあるが、一方では、村請制が残存していたゆえに村の復権が試みられ、他方では、その村請制の存在ゆえに村の整理統合が困難だったようにも見受けられる。また、「どこの村にも帰属しない土地」という問題も相まって、町村を行政区画とする方針も、それらが示された約半年後には、またしても変更を受けることになった。つまり、もう一度町村の連合事務処理へと舵が切られたのである。

†行政の受け皿としての「区」の利用

一八七二年一一月一〇日（明治五年一〇月一〇日）、「区」の総括者を置かないと差し支えのある場合も見受けられるから、これを置いてもよいという法令が出された（明治五年大蔵省一四六号布達）。置いてもよい（＝「差置候儀ハ不苦（くるしからず）」）と消極的に書いているわりには、「一区ニ区長壱人小区ニ副区長等」と、法令上新出の「小区」や、半年前の太政官布告で廃止したはずの「大庄屋」などを引き合いに出しながら吏員名称（正副区長）やその定員まで具体的に説明していることからして、置くことが既定方針だったはずである。町村についても戸長についても言及することなく、またしても重大な方針変更を行ったことになる。

実際のところ、すでに戸籍法に基づき町や村を連合させて「区」を設け、この区画で郷社の指定や小学校の設置準備が進められていたこともあり、やはりこの区画を近代行政の受け皿として、再度、利用しようと考えたのであろう。

区ごとに郷社を指定したのは、戸籍法が外部化した新生児の届け出を「氏子調（うじこしらべ）」という形で神社に担わせるための措置であった。

小学校については、学制（一八七二年九月四日）に基づいて小学区ごと、全国に五三、七六〇校設置する計画になっていた。その仕組ゆえに、当時の学区は単に設置区域や通学区域である以前に学校の設置主体だったのであるが、地元負担での学校の大量一斉設置は難しく、現実的には、学区よりは規模の大きかった「区」を利用して、設置を決定した地域（東京府、埼玉県、足柄県、高知県など）が多かったのである［文部省］。学制発布の翌月には、浜松県で「一区限リ」または「一二区合併」で学校を設置したいという届けが出されているし、翌年には栃木県から督学局に対し、小学校は「小区（戸籍小区）内へ一ヶ所宛（ずつ）開校」しようと思うがどうか、という伺いが出され、認められている（栃木県史料　四九）。学制に基づいて小学区を設けた場合でも、「連区」としたことが多かった（新川県など）。

また、地域に地方行政事務に関わることのできる人材が豊富ではなかったためもあって、増加する事務につき、正副戸長がそれらの責任者を兼務した例も多かった。新設された区にも、結果的に、戸籍調査以外の「利用価値」ができたということであり、これが「大区小区制」と呼ばれる一般行政区画に移行していくわけである。

総じて、この頃には、「町村ごとに事務が実施されていた実態」と、「区ごとにそれをとりまとめた実態（＝連合事務の実態）」という、二重の実態があったのであるが、表向きの行政区画としては「区」の方が選択されたということである。その背景には、繰り返し述べてきたように、村が近代行政の受け皿としては概して狭小であり（無民戸の場合もあった）、かつ規模が不統一であり、飛び地を含んでいたという事情があった。また、「石高制の帳尻合わせ」の名残で、村内に分界を抱えた場合もあった。場所にもよるが、当時の村絵図をみても、その後の「皇国地誌」の記載などをみても、この時期の村々は想像を絶するような入り組みで、飛び地に彩られていたことがわかるはずである（口絵1参照）。

それは、村段階において「人を通じた土地の捕捉」から「土地を通じた人の捕捉」への転換が遅々として進まなかった事実をも示していた。そして何より、村の土地や境界も当事者のみが承知しているという状態で、政府が土地の実態を把握できていない以上、村が土地を囲い込むこともできないという事情があったろう。つまり、現実の村は「規格化」されておらず、行政区画化になじまなかったということである。考えてみれば、当時は村や町がいくつ存在しているかすらも統計的に把握される以前の状態だったのだから。

もっとも、村が「規格外」であるというのは、統治する側のいうことであって、そもそも村は、近代行政(租税、学校、徴兵、社寺から衛生、勧業など、激増していった)を想定して作られていなかった。それゆえ、日々、新たに発生していく近代行政の受け皿としては、伸縮させることも含め、「区」の方が好都合だったということである。

その後も、村(や町)を行政区画とする案は、「大久保上申書」をはじめ幾度も浮上するが、最終的にそれが実現するのは市制町村制の施行期である。それまでの時期は町村を連合させ、そこに戸長を置いて事務を取り扱ったという意味で、「戸長の時代」ないし「戸長役場の時代」であった。前半は「大区小区制」期、後半は三新法体制期と通称されており、前者は大区や小区が表向きの行政区画とされ、後者は町村が表向きの行政区画とされていることもあって、性格の相違が強調されているが、実際の行政区画はともに「戸長(ときに区長)の管轄区域」であり、その実態は、現在でいう複合的一部事務組合のようなものであったといえばイメージしやすいかもしれない。

むろん、郡区町村編制法下では単独の村や町に戸長を置いた例もあったし、これを基本方針にした県もあったが、置かれたのは村長・町長ではなく、戸長である。村や町を連合させて行政区画を構成するための方策であるが、これは、村や町を「無視」しようとしたというより、先述のように、正式の行政区画として採用できなかったためである。その後、町村の大合併が必要とされた点については後述するが、その理由がそのままここで「正式の行政区画として採用できない」理由でもあった。だから、「町村の行政」「区ごとのとりまとめ」という事務の実態は存在しつづけたし、同時に、行政区画の表舞台に登場させるための町村の再編（とりわけ村の再編）が戸長の時代に、ゆっくりではあるが、着実に進められたのである。

たとえば、三新法の一つ、郡区町村編制法の施行後三年以上を経た一八八二（明治一五）年四月二九日、石川県では、郡内に同じ名称の村が複数あるものについて名称が重複しないように改称したが、そうした例が県内だけで一五四も存在していたという（石川県史料 一）。同年に長野県でも同様の調査がなされており、新潟県古志（こし）郡でも同称の村を改称していることからして、全国的に取り組まれたものと考えられる（同様の措置が山形県で一八七三年に実施されているのは［西川町教育委員会］、その時点で小区内に同称の村が複数存在したからであろう）。そして、この改称以前の三年間は、名称によって郡内の村を特定できる状態ですらなかったわけである。三新法によって村が法認され行政の主体になったというならそれで不都合がなかったというのも不思議ではあるが、やはり戸長役場を単位とした事務なればこそ、ということであろう。

†村による「土地の囲い込み」の失敗

改正戸籍法が目指した地所番号に基づく戸籍調査も実際には棚上げされている。管見の限りでは、ほぼすべての府県で壬申戸籍の調査開始に際して、当初案の「屋舗番号」方式が採用され、土地を通じた人の捕捉は徹底しない。その理由は、まずもって「明治五年二月から五月」とされた戸籍調査の開始までに、地券発行に向けた地番の設定が間に合わなかったからであろう。改正戸籍法は、それも見越して、地所番号の原則につづけて「然レ氏（トモ）戸数点検ノ為メ戸毎ニ番号ヲ貼スルハ地方ノ便宜ニ任ス可キ事」と規定していたのであり、実現可能性は度外視して、施政方針を示したものとみることもできる。

現実的に、屋舗番号方式を採用した結果、何が起こるかといえば、土地の掌握と人間の掌握の乖離である。「地券交付における地所番号（地番）と屋舗番号とは別個に設定され、二つが併存した場合が一般的であった」といわれる［佐藤］。これはとりわけ都市部の町続地で大きな問題を惹起する。というのは、幕藩体制以来の、「人別は町で、地籍は村で」という運用を引き続き可能にしたからであった（後述）。府県ごとにみれば早期に統一された例はあるものの、最終的に、「戸籍ハ地番号ノ順序ニ従ヒ之ヲ編綴シテ帳簿ト為ス」として、地籍と戸籍が同じ地番（法令では「地番号」）に基づいて調査されることが統一法令で定められたのは、実に四半世紀後の、一八九八（明治三一）年六月二一日の戸籍法改正時のことである。

こうして、廃藩置県以降矢継ぎ早に行われた郡県改革や「土地を通じた人の捕捉」は、府県段階では成果を上げたものの、村に近づくほど現状との乖離が大きく、実施が困難になり、郡の段階で立ち止まってしまった。地券発行・地租収納も都市では進み、農村で遅れた。土地の実態調査は、人里を離れれば離れるほど困難になるからである。村は「土地の囲い込み」に成功せず、課題は先送りされた。最終的に、土地の実態把握にはその後一〇年以上を要し、それゆえ、村の再編成もそれ以降にずれ込み、戸長（役場）の時代が続いた。土地の実態把握ができなければ、上記の改革は不可能だったからである。

しかし、見直されはしたものの、政府内にわずか半年間存在していた村の復権構想が、その後の村をめぐる制度化にあたって、大きな方向性を示したのは事実である。町村を行政区画にしようという構想は、その後も改革の底流に存在しつづけ、町村の大合併を経て一八八九（明治二二）年に実現される。だから本書では、その時点で実現しなかったから当該政策が無意味であったと考えるのではなく、その未発の構想（＝政府が村を自らのものとするための構想）の意味を考えたいのである。

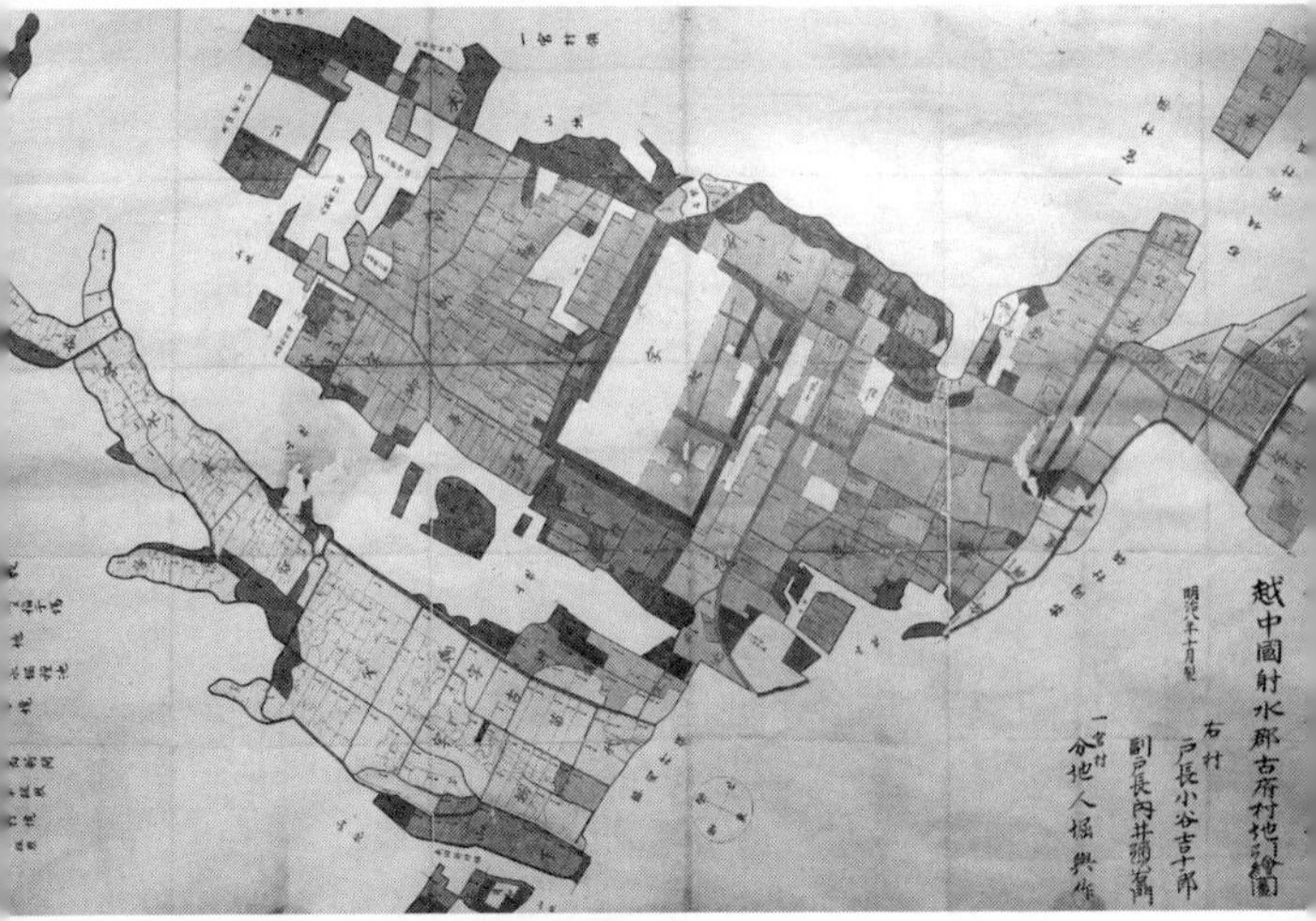

第四章

土地・人・民富の囲い込みと新たな村の誕生
——明治中期

地租改正(1875年)の際に作成された新川県射水郡古府村の地引絵図
(「新川県第十六大区小一区越中国射水郡古府村地引絵図」高岡市立伏木図書館所蔵)

1　地租改正による土地の実態把握

†土地の永代売買解禁

一八七二年三月二三日（明治五年二月一五日）になって、政府は、「これまで禁止してきた土地永代売買を許し、今後は四民とも土地所有を認める」と高らかに宣言する（明治五年太政官第五〇号布告）。しかし、これが抵抗もなく受け入れられたのは、明治維新によって近代的な所有観や平等観が人々の間に芽生え浸透したからではなく、それらがすでに日常的に行われていたからであった。

もっとも、それは周知の事実で、田租改革の提唱者、神田孝平は「田地は官が渡したものではない」（田税改革議）という旨のことを繰り返し述べているし、神田とは正反対に土地売買の禁止を建議した桜井門造も、「今や民は公田を私物化し、質地や譲地と称して売買している」［吉野］とし、土地を私有しているという事実については認識を共有していた。そして、神田らに虚法と指摘されるまでもなく土地の永代売買禁止は現実のものではなかった。幕藩体制下において、膨大な数の土地売買証文が、全国的に残されているのはそのためである。

もちろん政府自身もそのことは承知の上で、すでに改元直後には――というより、北越戊辰戦争終結以前の、この時点だったからというべきかもしれないが――、拝領地、寺社地等の除地を除いて「村々之地面ハ素ヨリ都テ百姓持之地タルヘシ」と明確に述べ、ごていねいにも「身分違ノ面々」が買い取る場合は「諸役」の義務を果たさせるように、と付け加えており（明治元年法令第一〇九六号、傍点引用者）、そのことは『大蔵省沿革志』の「租税寮第一」でも同様に説明されている［大内①］。だから、四民の土地売買は、「天保の土地改革」（先述）の趣旨をも正確に理解した上での、「公然たる黙認」という状態だったのであり、太政官布告による土地の永代売買解禁は、現状を追認したものにすぎなかった。

にもかかわらず、政府は、廃藩後になって、おそらくは先述の版籍奉還を根拠として「解禁」を宣言したわけである。同年の「地券渡方規則増補」で土地収用について記載している内容（第二〇条）に照らせば、土地の取扱については国が決定（する／したい）という意思表示のようにも読める。土地収用が構想された背景には、「官没」が難しいという認識があったはずであり、また、収用の補償に際しては、所有者と地価が定まっていなければ困るわけである。翻って考えてみれば、版籍奉還の頃に王土王民がもち出されるようになったのは、国の意向で土地の取扱を決定したいということであり、しかし、その実現には困難があったために永代売買解禁が宣言されたという関係になるだろう。

むろん、永代売買の公認自体はすでに現実のものであった上に、人々にとって不都合な話でもないため、表立った反対はなく歓迎すらされたであろうが、いくら「慣習に基づいて人々が『占有』しているにすぎない」と政府が説明しようと、土地は民が「面々に金を出して買ったもの」なのだから、そのような説明が額面どおり受け入れられるはずはなかった。さきにも述べたとおり、「解禁」された土地を売ることができるのは、所有しているからにほかならず、所有していない土地は売ることも質に入れることもできないからである。

†現状を追認したに過ぎなかった土地売買の解禁

幕藩体制下で、法が建前として土地永代売買を禁止していたという点を強調するか、実際には事実上の売買が一般的に行われていたという点を強調するかによって、その後の政策に対する評価はまったく違ってくる。前者の立場にあっては、「開明官僚」の主導性を強調し、土地の所有権が明治期に入って「上から」与えられたとの評価になる。後者の立場によれば、土地私有はすでに事実上実現されていたということになり、土地売買の解禁は現状を追認したものにすぎないという評価になる。本書の立場は、もちろん後者である。

さらにいえば、幕藩体制下においても、土地売却の原因は必ずしも没落農民から富農等への土地の集積・集中（いわゆる農民層分解）にあったわけではなく、新規事業経営のためという場合もあったし、耕地売却によって貢租関係を脱することができるなら、そもそも幕藩体制下で「百姓は土地に緊縛されていた」という前提自体が成立しなくなる〔田中①〕。また、都市部に近い手持ちの耕地を高値で売り、安い耕地を買って経営拡大する例や、古田（本田）を売り租率の低い新田を買って「節税」する例もみられた。貢租も、郷掛りも、諸掛りも、通常、帳簿上の石高に基づいて賦課されていたからである（先述）。土地売却が必ずしも没落や離農を意味するものではなかったし、農民は先祖代々の土地を一所懸命に守るものであるというイメージも、必ずしも現実を捉えきれていないように思われる。

それでもなお前者の立場が現在も有力である理由として、この時期の官僚の開明性や土地改革の画期性を強調しようという、解釈者側の意図が影響していると考えられる。たとえば、明治政府は一八八二年になると「地租改正報告書」のなかで、かつての自身の見解をよそに、幕藩体制下の土地所有について「従前我国ノ田宅ハ自ラ官有ノ状ヲナス故ニ若シ事アルニ遭ヘハ其田宅ヲ官ニ収ムルモ人民之ヲ拒ムヲ得ス」（第一款）と説明している。これは、さきの神田、桜井の発言や改元直後の政府自身の認識と照らしても明らかなように、事実誤認である。所持の有効性を証明できない場合に、「何人のものでもない土地は幕府のものである」という観念に基づいて、没収されたのである〔石井②〕。
政府の主張と同様に、農商務官僚であった柳田国男も、自身の著作『農業政策学』（一九〇七～一九〇九年の刊行と考えられる）のなかで、徳川時代には直轄領で土地の永代売が禁じられ、これを犯した者に対してはその土地を「官没」したという説明につづけて、さきに引用した改元直後の政府法令を「村々之地面ハ之ヨリ〔ママ〕百姓所有ノ地タルヘシ」として紹介している（傍点引用者）。

これも事実に反するばかりか、「素ヨリ」と「之ヨリ」では、意味としては正反対になり、見逃すことのできない誤引であるが、地租改正は（それに至る過程も含めて）政府によって土地私有を公認した近代的土地改革であったという結論を出発点として議論するから、それ以前には土地私有が行われていなかったかのような、改竄に近い誤引が引き起こされるわけである。柳田の参照した二次資料が誤記を含んでいた可能性もなきにしもあらずであるが――以前に、まったく同じ誤記を別の書物で見た記憶がある――、いずれにせよ、この時期になって政府内でそのような「誤解」が広がっていたことの意味を考えてみる必要がある。

†近代的土地所有にまつわる歴史認識の問題

もう一つの理由は研究者の側にある。これは、歴史認識に関わり、本書の主題にも関わるが、明治維新以前に生産手段としての土地が百姓・人民によって私有化されていると、時期区分の上で困る（すでに近代化していたという話になる）という問題があったように思う。幕藩体制下の土地所有権をめぐる「ていねいな議論」は、明治期の土地制度（登記、公証、一物一権主義等々）をモデルとして、あれが足りない、これが足りないという議論をしたのちに、結果として「土地私有は存在していなかった」という結論に至るのが常であるが、そもそも持っていないもの（＝占有状態のもの）を売買、貸借、質入れ等々していたかのような説明は適切であろうか。「十全な所有権の貫徹」や土地所有の近代性というモノサシで測るのは、所有権の存在を否定するための方便のように思われてならない。

むろん、一物一権主義の不徹底に代表されるように、土地所有権に制約があったのは事実であるし、村役人が売地証文に加判せず（ということは、村が売買に同意せず）、契約が成立しないという例もあっただろう。秀吉構想とは裏腹に、所有者と耕作者が分離している例（所有権と小作権・上土権の分離）もある。そもそも一筆ごとの土地丈量自体が曖昧でもあった。だから、本書でも、幕藩体制下で近代的な所有権が完全な形で実現していたと主張するつもりはない。しかし、近代的土地所有権から逆算して、幕藩体制下では所有観念が希薄であったとか、発展していなかった、などと結論づけるのは、かえって実態を見失うものではないか、というのである。

つまり、重要なのは、所有権が地租改正をはじめとした明治初年の土地改革によって新設され「上から」与えられたという理解と、明治初年の土地改革は幕藩体制以来の所有権を追認したものにすぎないという理解と、どちらが現実に近く、どちらに弊害が大きいかということであり、それに照らせば、著者（荒木田）は、後者が現実に近く、弊害も小さいと考えるのであるが、いかがであろうか。

†沽券・地券の発行

さて、当の神田が強調した点は、①徴税には地租金納が効率的であること、②作柄（さくがら）の豊凶によらず毎年一定時期に一定金額が国庫に入る（予算が立つ）こと、③農と士商工の間の租税負担の不公平と税負担の地域間格差を見直す必要があること、などであった。

②は、のちにインフレによってその効果が見直されるのだが、この時点では卓見であったと思われる。③は、秀吉構想にいう「平均」の重視であるが、地券発行も地租収納もこれを目標に行われた。そのため、都市部（町人地）ですでに行われていた、「沽券」によって地租額を決定し収納するということを、町人地以外にも広げるということがその内容であった。それゆえ、神田は「地券」ではなく「沽券」という言葉を繰り返し用いているし

［石井②］、その際、まず行われたのも「田租」改革ではなく、武家地や都市部の無租地（地子免除地）からの地租収納であった。都市部の土地調査の方が簡単で、実際に事態も進行していたためである。

いわゆる土地永代売買解禁から少し時期はさかのぼるが、一八七二年二月五日（明治四年一二月二七日）、政府は、東京府下市街地に地券を発行し、地租上納を命じていた。すでに、地子免除の廃止（明治四年太政官第五二四号布告）からはふた月余が、武家地の東京府管轄（明治二年法令第一〇三二号太政官沙汰）からは二年余が経過していた。つまり、武家地を町地化し地租収納を行うことになったわけである。先述のように、江戸においては町人地の沽券地化はほぼ完了していたので、その実行は迅速であった。

そして、地所永代売買解禁から九日後の一八七二年四月一日（明治五年二月二四日）には「地券渡方規則」が公布された。すなわち、東京府以外でも「地券」を売買証書とし、所有権の公証を地券交付によって行うよう決められたのであるが、これもまた江戸の沽券地ですでに行われていたことであった（東京府など先行地では「沽券」、こちらは「地券」と呼ばれた）。

従来、売買の公証は、地域により一部、または全部を町村役人に委任していた例があり、公証の方法に多少の相違がみられる［日本史攷究会］。町村役人への委任は、町村において諸役の負担に支障がなければ売買を認めたものと考えられ、地券渡方規則もこの方法を踏襲している（第六条＝地券紛失の際の書替、第一四条＝地券申請）。また、その前提として町村ごとの調査に基づいて貢租徴収の元帳たる地券大帳を作成することが求められた（第一条、第二条）。その意味で、地券発行も村請制の伝統を引き継いでいたといえる。

これを都市部以外にも徹底するために、一八七二年八月七日（明治五年七月四日）には、郡村の耕宅地についても、売買にかかわらず民有地すべてに地券を発行することとし、「当十月（明治五年一〇月――引用者注）中」に地券を渡し終えるように、という拙速方針を示した（明治五年大蔵省第八三号達）。それらが「壬申地券」である。

†農村部で棚上げされた改租

一八七二年一〇月五日（明治五年九月三日）には、村の内部においても田畑勝手作が許可された。田畑の地目転換を認めるというのは、すなわち、従来の年貢割付状に基づく貢租徴収を放棄するか、あるいは貢租の石代納（＝金銭納）を視野に入れていることを意味していた（畑地の金銭納はすでに一八七〇年八月に実施済み）。それを受けて、翌日に出された地券渡方規則増補においては、田・畑という地目の区別を廃して「耕地」としている。都鄙を問わず地籍ごとに地券を発行し、地価に一定税率を乗じて地租を収納するという意味での空間の斉一化が進められようとしていた。

ところが、都市部で行われていた地券による土地売買とその公証を郡村にも広げようという意図で開始された地券発行であったにもかかわらず、一八七二年後半から七三年にかけて、大蔵省租税寮改正局（以下、改正局）は、発行に先立って、市街および郡村の区域を判然とさせるために色分け絵図を作成するよう各地に通達している（改正局日報）。つまり、市街地における地券（市街地券）の発行を先行させ、そこでは地券に基づく地租収納を実行し、発行の遅れが予想される郡村部では、地券（郡村地券）は土地所有の公証にのみ使用し、課租については、既存の貢租をそのまま利用することとしたのである。

それゆえ、この方針転換によって農村部の地租収納（すなわち石高に基づく貢租収納の廃止）は、地租改正まで持ち越されることになり、空間の斉一化は棚上げされた。郡村部での改租が遅れた理由は、土地利用の実態も所有関係もともに曖昧な部分を多く残していたからであったが、この点は後述する。こうした市街と郡村の税制上の区分は、同じ町場に「市街宅地」と「郡村宅地」という税体系の異なる二種の宅地を生むことにもなった。つまり、都市に付随した町場（町続）であったとしても、郡村宅地は、地券の性格上、都市には含まれなかったわけである。ちなみに、この時期の明治政府の近代化構想に関していえば、地券において課税（公法）と公証（私法）を制度的に分離しようという意向はみられず（というより、むしろ一致させようとしている）、この点は、後述の地租改正でも同様である。

†困難をきわめた地券発行

壬申地券発行手続の特徴は、原則として、自らの所有地を「自己申告」させ、これを検地帳はじめ諸帳簿と照合し、地引絵図（じびきえず）を参考にして各筆の区画と反別を確認していることである。今日からみれば、土地の調査を行う際に自己申告というのはいかにも奇異な印象を受けるが、課税同意の側面を重視しているのだと考えれば、新制度導入にあたって、合意を重視した（秀吉以来の）ていねいな進め方であったといえる。つまり、自己申告は、地券発行とそれに基づく課税を受け入れる姿勢を示していると考えられるからであり、ひとたび同意を得たのちには、「申告の内容が誤っているので訂正すべし」という要求も成り立つわけである。そして、こうした慎重な進め方に照らせば、ここでも「王土王民」という説明の通用性については、政府自身、懐疑的であったとみられる。

実際には、係員が現地に赴いて検査した例もあるが、改正局が各県からの伺いに対して、「検地には及ばず」「竿入に及ばず」「実測は不要」などと、わざわざ断っている点が目を引く。改正局もまた検地帳などの帳簿と現況が一致しないことは重々承知していたのである。実地調査を始めれば収拾がつかなくなり、「明治五年一〇月まで」という地券発行期限は守られようがない。地券発行の事実を先行させるために、当面は、機械的に検地帳の記載内容と壬申地券の記載内容を一致させよというのが言外の意図だったのである。その意味でも、地券発行は村からの文書指出に基づく村請制の伝統を引き継いでいたといえる。そして、こうした事情ゆえに、当然、村の耕地も合計では検地帳と石高が一致していても、個別（一筆ごと）では一致しない例が多かった。

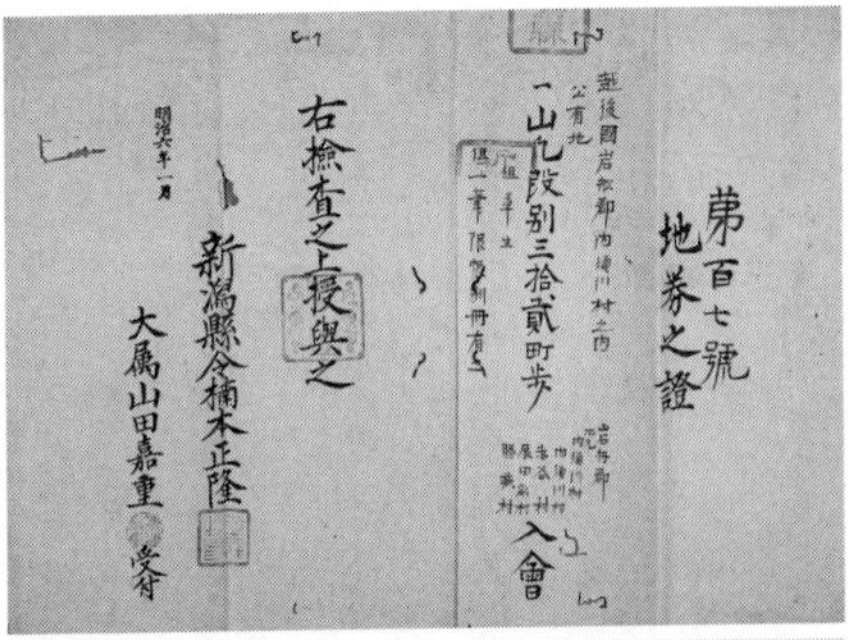
第百七號
地券之證
公有地
一山九段別三拾貳町歩
入會
右検査之上授與之
明治六年一月
新潟縣令楠本正隆
大属山田嘉重

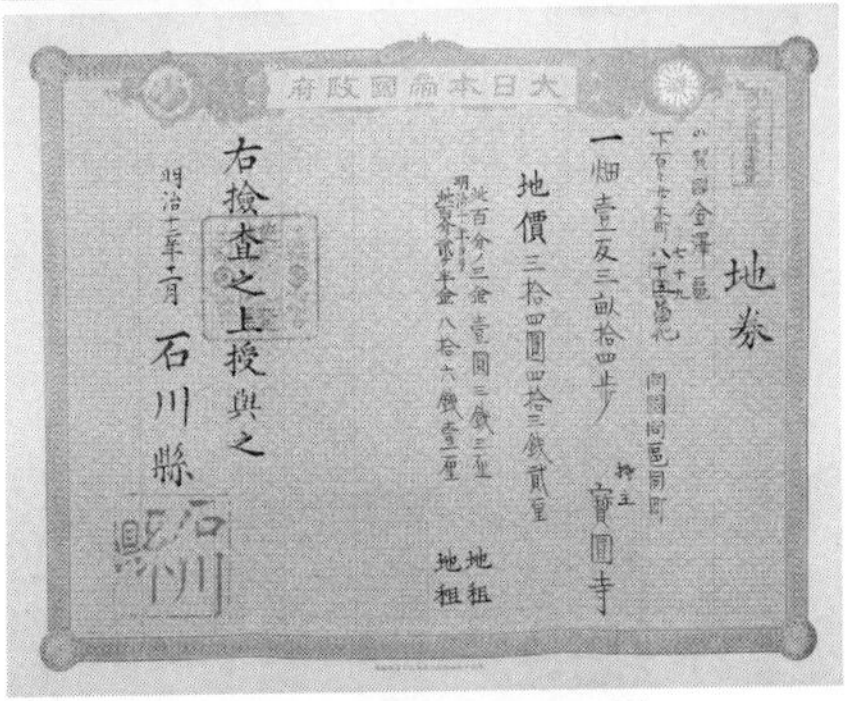
大日本帝國政府
地券
一畑壹反三畝拾四歩
持主
寶圓寺
地價三拾四圓四拾三銭貳厘
地租
右検査之上授與之
明治十一年一月
石川縣

図9（上）　壬申地券（新潟県立文書館所蔵）
図10（下）　改正地券（石川県立図書館所蔵）

　ところが、そのような形式的な発行手続であったにもかかわらず、検地帳を紛失した、検地帳に反別記載がない、割地慣行により所有者が特定できない等々の理由で、地券発行は困難をきわめ、発行期限は守られず、最終的に壬申地券発行を完了できたのは一部の府県にとどまり、過半の県では作業の中途で地租改正事業（地租改正条例に基づく地券交付）に移行することになった［佐藤］。

†地租改正の実際

地租改正は、一八七三（明治六）年七月二八日公布の地租改正法および地租改正条例をもって行われることになった。旧貢租と地租の異同については、政府によって「我国古来ノ租法ヲ一変スルモノ」と評され、差異が強調されるが、実は類似点も多い。

旧貢租も地租も、実際には面積の広狭によらず、生産量あるいは地価の高低に基づいて決定された。しかも、繰り返し述べてきたように、旧貢租の帳簿上の石高は、そもそも実収入額とは乖離しており、その後、それがますます拡大し、形式的なものになっていた。これを地価に基づく課税に切り替えたところで、現実に取引されているわけでもない地価に基づくことになる以上、金額の多寡が問題になるだけで、形式的であることに変わりはなかった。そもそも、旧租水準を下回らないように地租の目標額が設定され、そこから逆算して地価が設定された点からすれば、両者は類似した水準になるのが当然のなりゆきで、地価が実態（実際に取引される際の地価額）を反映するはずもなかった。

結局、地価の算出方法としては、まず地租収納の目標額が決定され、この目標地租額を府県ごとに割り当て、これを郡、さらに村へと分賦し、最終的に村の地租収納目標額を一筆ごとの土地に割り振っていき、これに地租率の逆数（地租率を一パーセントに設定するなら一〇〇、三パーセントなら三分の一〇〇）を乗ずれば地価額が「決定」されるという順序になった。押付反米（おしつけたんまい）などといわれるのは、こうした方法で地価を一方的に決定されたからであるが、これもまた徳川支配領で石高が年貢高から逆算されて算出されたのと同様の、「伝統的」方法であった。地価が先験的に存在するものでない以上、地租改正もまたこのような方法（地租総額からの逆算・仮構）でしか行いえなかったということでもあった。

秋田県の場合、まず地租目標額を決め、従来の慣習（年貢率二割五分）に従い、地租米の四倍を「収穫米」――これが実際の収穫量ではなく、公定生産量（＝見なし生産量）だということは先述した――として地租米の三分の一〇〇を地価米とする。これを雛形に、官民交渉の過程で数字を動かし、計数整理していった。収穫米の一五パーセントを種籾・肥料代とし、さらに地租予定額の三分の一を村入費として、「収穫米」から地租米、種籾・肥料代、村入費を控除した分を所得米とする。所得米は地価米から生じる利子所得と見なし、利子率を決定する。個々の数字を交渉の際に入れ替え差し替えしながら、地価を確定させていった［菊地②］。

管内ごとに設定された「平均反収額」も、土地の等級（太閤検地以来の等級別斗代設定も、このときに一一段階に細密化された）も、一見すると、現実をふまえた、ていねいな対応のように見受けられるものの、これらも同様に旧租から逆算され、計数整理する中で設定されたものである。

総じて、納入手段が現米から現金に変わった場所では、外見上は大きな変化に感じられたかもしれないが、旧来の石高も、新規の地価も、課税標準を設定するための仮想的なものであるという点では同じである。そして、事情は江戸の沽券においてもまた同様だったのである［玉井］。つまり、旧来と同様に、「目標とする金額を集める」というのがことの本質であって、それを「石高に基づいて徴収する」と説明するか、「地価に基づいて徴収する」と説明するかの違いにすぎなかった（旧貢租も新地租も、目標額から逆算・仮構されたものだという意味である）。だから地租創出ではなく、地租「改正」なのであり、人々はそういうものとして改正を受け入れたのである。

†石高制の廃止と土地丈量

さて、地価設定の際、村にとっての問題は、上記の方法で村まで地租収納目標額が分賦されたからには、村段階での手直しは全体に波及するため採用できないという点にあった。

そのため、他村から切り離し、個別に権力的な強制を加えた例もあったという。結局、改租作業でも分賦された額から割り出した地価を毎地毎筆へ配当したのは村だったのであり、それゆえ、村が矛盾の集積点になったのである［福島］。これが、表向きの行政区画として村が法認されていない「戸長の時代」に行われている意味は、問われてよいと思われる。地租改正によって村請制は解体されたことになっているが、村は、地租の分賦や徴収に大きな役割を果たし続け、市制町村制によって村の性格が激変したのちにもこの傾向が引き継がれることは後述する。

では、地租改正によって何が変化したのであろうか。結論からいえば、分割と囲い込みの進行である。

地租改正法・同条例の公布に先立つ変化として、石高制の廃止を挙げることができる。同年（一八七三年）六月八日には、田畑石高の称を廃し反別に置き換えるという達が出されていた。これは、土地を石高（＝量）ではなく反別（＝面積）で測るようにするということを意味する重大な転換である。面積は作柄の豊凶にかかわらず一定であり（凶作による貢租の減免という理屈も立たなくなる）、土地の実態を把握するには適しているということである。実は、土地の把握を石高ではなく反別で行おうという方針は、すでに前年の地券渡方規則増補にみられたのであるが、先述のように、壬申地券は、早期発行のために主として帳簿の照合に基づくという方針であったからこれが実質化せず、今回、改めて石高制廃止の明示に至ったのである。

石高制廃止を建議した井上馨が問題点として強調しているのは、本田（古田）と新田の税制上の不均衡や、「空名ノ石高」すなわち、石高が実態を反映していないという事実であった（もっとも、反別にしてこれらの問題が片付くかどうかはまた別の話である）。ここでは、都市と農村の間だけでなく、農村内部にも税の不均衡があり、こうした旧慣に対して、「公平画一」を根拠として切り込んでいることと、石高に代えて、誰の目にも明らかな面積という指標を導入しようとしたことを確認しておく。

それらをふまえて考えれば、地租改正に先立って石高を反別に切り替えた理由は、土地の実態を正確に把握するという点にあったはずで、ここが従来とは大きく異なる点であった。そのため、これ以降、面積を確認する作業（＝地押丈量）が徹底して行われるようになっていくのである。

†改租作業における土地の実態把握

検地に対する抵抗が示すように、土地の現況調査は百姓・農民の最も嫌うところであったが、土地を囲い込み、国土を余白なく支配するためにはこれを行う必要があった。「人を通じた土地の捕捉」を実現しようと思えば土地の実態が明らかになっていなければならず、さらにこれを徹底（＝余白なき支配）しようとすれば、辿り着くこともできないような土地までをも含め丈量される必要があった。その際に、改租作業が、実際の収量の調査ではなく面積の調査と説明されたことは、現地の抵抗を緩和する上で多少なりとも有効であったようにも思われる。

改租作業は、①土地の実態把握、②地所の価格査定、③地券交付・地租算定・新体系による賦課、という三段階で行われた。当初は、壬申地券発行作業と同様に自己申告制を採用し、正副戸長・村用係・百姓惣代（かつての村方三役）らを実施責任者として、村単位で調査が行われた。ところが、改租作業が進行するにつれ、現状を重視し（ということはつまり、旧帳簿の記載によらずに）、土地の実測を行い、さらに府県の官員による指導や確認作業を行うようになっていく［佐藤］。そこが壬申地券発行の際と異なる点であり、石高制廃止を反映したものでもある。こうした変化は、改租の重点を租税徴収から土地の実態把握に移動ないし拡大させていった事実を示すものでもあった。

改租作業自体は大蔵省の所管事務であったが、その過程で郡村の境界を画定させたり土地の官民区分や地所の名称を定めたりする必要があり、このことが内務省との権限競合を引き起こした。その調整に手間取ったこともあり、大蔵省・内務省から人材を集め、両省の間に地租改正事務局を置くこととし、一八七五（明治八）年三月にこれが設置された。

同局の責任者となった松方正義が強調したのもやはり全国の地租の公平画一であり、そのために全国を七区に分け、「全国一斉に着手して急速に之を断行」するとした。事実、この頃から地租改正も強硬方針に転換したといわれ、時期が遅くなればなるほど反別確認の調査が厳格になる傾向があった。貢租の軽重には地域差が大きく、公平性を期すには正確な反別調査が必要だと考えられたためである。とはいえ、改租作業が本格化したのは一八七五年後半以降で最盛期は一八七六～七八年になってからである。遅延の原因は、地方官が気乗りしなかったためと説明される向きもあるが［福島］、その理由がどこにあったかもまた、のちに明らかになる。

「土地の実態把握」の具体的な作業としては、まず、地引帳・地引絵図の作成のための丈量作業が行われ、一筆図をもとに字図（あざず）および全村図が作成され（本章扉参照）、これをもとに実地検査が実施される、という順序になる。県の官員ばかりでなく、地租改正事務局の派遣官員が調査した例もあり、実地調査で再丈量を命じられた例も少なくなかった。これが終わると地価の査定が行われ、一筆ごと地番、地目、縦・横の長さ、反別を記載した地価帳が作成された。さらにそれをとりまとめた地券大帳が作成され、これに基づき壬申地券と引き換えに改正地券が交付されるという手続になっていた。また、壬申地券発行の際に付された地番は、改租作業のなかで付け直される場合が少なくなかった。村ごとの通し番号から字ごとの通し番号に変更した県（北陸や東北地方に多い）もある［佐藤］。

†度量衡の再統一

さて、地引絵図作成に際し、地押丈量作業を進めるために長さの統一が不可欠であることは、信長や秀吉の時代から自覚されていたが、地租改正にあたって間尺が統一されたのは一八七五（明治八）年六月一二日の地租改正事務局達によってである。このとき、一間の長さが曲尺の六尺とされ、間竿はそれに砂摺（すなずり）（竿端の胴巻きの部分）として両端に五厘ずつ加えた曲尺の六尺一分で作成された。これは、一六四九年の「新検」で用いられた間尺に相当した（先述）。

同年八月五日には、度量衡取締条例が度量衡検査規則、度量衡種類表、原器の規格などとともに公布された（明治八年太政官達第一三五号）。曲尺を原尺とするよう決定され、この尺に基づいて原器が作成された。そして、方六尺＝一坪＝一歩（ぶ）、三〇歩＝一畝（せ）、一〇畝＝一反、一〇反＝一町という累進も明確化された。さらに先取りしていえば、これが一八八四（明治一七）年三月の「地租条例」に採り入れられ（第五条）、一八九一（明治二四）年制定の度量衡法によって法制化された（このときに、一里＝三六町も明示）。地図が北を真上にするよう統一されたのは一八八五（明治一八）年の地押調査のときである。従来の枡座や秤座(はかりざ)は廃止され、枡や秤については、政府が検定を行うこととされた。

度量衡の統一が、全国で実施されていた地租改正作業と同時期に行われたのはもちろん偶然ではないが、翻ってこれを考えてみれば、一八七五（明治八）年半ば以前の土地調査は、基準を統一せずに進められていたわけである。すなわち、にわかには信じがたいが、すでに行われていた地券発行や、それを引き継いで開始された地租改正作業において、同一府県内でも旧支配系列ごとに異なった間尺で土地丈量がなされていたのである。いくら洋式測量術を導入し最新の方法で測量しようとしても（たとえば明治四年太政官第一四五号達）、度量衡の統一を欠いていては正確な測量など実現されようがない。むしろ、こうした不条理が度量衡統一の動機であったともいえる。

当然、丈量作業を実施している側は単位の違いを認識していて、度量衡統一以前から換算式（一・一七を乗じる等）を設けるなどしていたし、そもそも地租改正条例と同時に公布された「地方官心得書」にも「古検新検其他(そのた)間竿ニ長短アリ（中略）混同セサル様注意スヘシ」とあるように、政府も最初からそのことは承知していたのである（第一七条、第四二条）。問題を承知していながら間尺を統一せずに地引絵図作成が進められた結果、できあがった地図は当然に混乱を含むことになった。帳簿の面積は係数を乗じて換算されたが、地図の間尺はそのままにされたからである。

不統一という点でいえば、石高制が廃止された後の一八八五（明治八）年になっても、宅地では引込道路や溝堀まで宅地面積に算入していた反面、耕地では畦畔を控除していた（地租改正条例細目第二章）。当然、畦畔には地番がつかず、それゆえ土地の全体像も把握できなくなっていた。そのため、一八七六（明治九）年一一月には畦畔も耕地に加えるよう指示が出されたのであるが（明治九年内務省達乙第一三〇号）、今度は畦畔だけ測量し、その部分についてのみ絵図が作成されたという［佐藤］。異なる時期に異なる条件で作成された絵図を組み合わせても土地の全体的把握はできようはずもなく、再調査が必至であり、そのことも後日問題になる。当然、現場ではその問題性が自覚されていたはずであって、むしろ、なぜこのような弥縫（びほう）的な調査が行われたのかを問う必要がある。

2　地籍編纂と地押調査による土地の実態把握

†改租による反別大幅増

一八八一（明治一四）年六月三〇日、鹿児島県大隅国島嶼部の耕宅地と一四県の山林原

野を残して全国の改租作業がほぼ終了したのを受けて地租改正事務局は閉鎖され、残務は大蔵省租税局が引き継いだ。同年一二月までに全国で一億枚以上の改正地券が発行されたと報告されている（地租改正報告書）。従来の壬申地券においては、市街地券は土地所有の公証かつ納租の標目であり、郡村地券は土地所有の公証にとどまるという差異を残していたが、改正地券によって体裁が統一され、市街地においても郡村地においても、土地所有の公証かつ納租の標目という共通の性格を与えられた。

土地の実態と帳簿との乖離を政府も認識しており、これが石高制廃止から地租改正作業に至る背景にあったことはすでに述べた。一八七四（明治七）年一二月に、租税頭（そぜいのかみ）であった松方は、幕藩体制下で民の抵抗のため再検・地押を実行できなかった点に言及しながら、耕地（田畑）の旧反別（改租前の反別）三二三三万三五〇九町四反に対して、仮反別（＝改租後の予想反別）を四一一二万九七七一町二反と見積もった（地租関係書類彙纂 五六）。

ところが、実際には、三二二六万四四四町であった旧反別が、改租後には四八四万八五六七町になった（地租改正報告書＝表3）。念のため示せば、こちらは、ともに宅地を含んだ数字であり、新反別はもとより、旧反別も六尺＝一間で換算した数値である（いずれも、北海道・沖縄県および島嶼部は除外している）。これによれば、耕宅地に限っても想定外の「改出」（＝調査による新たな打出）となっている。

その増加割合は約五割で、すなわち三割以上の耕宅地が帳簿漏れであった事実を示すが、宅地の縄延びは限定的であろうから、改出のほとんどは耕地であったと考えられる。耕地がある日突然一・五倍に増加するとも考えられないし、「縄延び」で説明できる改出の量でもない。つまり、これは長年かけて開発されながら、それまで帳簿には掲載されてこな

地種	地目	改正反別	旧反別	反別比較増減
民有地第一種	田	2,614,117	3,256,653	1,584,919
	類外田	16,537		
	畑	1,698,997		
	類外畑	163,190		
	宅地	329,692		
	市街地	19,040		
	塩田	6,995	3,791	3,204
	小計	4,848,567	3,260,444	1,588,123
	山林	6,694,849	452,989	7,022,410
	原野	770,431		
	雑地	4,161		
	池沼	5,955		
	温泉	2		
	荒地	113,911	187,739	−73,828
	開墾鍬下	44,305	14,905	29,400
	小計	7,633,614	655,633	6,977,981
	合計	12,482,181	3,916,077	8,566,104
同第二種	郷村社地	830		830
	潰地	44,757		44,757
	墳墓地	16,002		16,002
	合計	61,589		61,589
総計		12,543,770	3,916,077	8,627,693

表3　改正地租表（概数・抜粋）
大内兵衛・土屋喬雄編『明治前期財政経済史料集成　第7巻』（明治文献資料刊行会、1963年）pp.81ff 収載。表は、町未満を四捨五入した。

かった耕地であったと考えるのが自然である。地域ごとの改出割合をみると、おおよそどの府県も耕宅地面積は二倍以内に収まっているが、長崎県だけは約九・二倍となっており、個別に検証が必要であろう（未検証）。

†土地現況把握への不満を抑えた「減税」

以上を総合すると、現場において度量衡の統一を遅延させたり、不可解な方法で測量したりを繰り返していた理由が、おそらくは土地の現況を露わにさせないという点にあったこともわかってくる。約五割という改出量に照らせば、地租改正に対する抵抗も、大部分はこの点に理由があったはずで、こうした現況調査をめぐる攻防に、地方官らが積極的に足を踏み入れたくないと考えたであろうこともまた容易に想像がつく。付言すれば、村側の費用負担による地租改正作業は、官の事業を民の負担で実施したと批判されることが多いが、測量士を村で雇い、村が帳簿を作成することは、少なくとも短期的には、村にとっては必ずしもデメリットばかりでもなかったのである。村請制に基づく貢租徴収がつづいた背景には、こうした抵抗があった。

とはいえ、地租改正反対一揆についていえば、数の上からは、最も一揆の多かった一八七六（明治九）年でも一二件にとどまり、「頻発」とはいえないように思われる。大がかりな改租作業が実質的に五～六年で終わった理由は、一般にはインフレの時期であったから農民たちにとって有利だったということがあり、地租改正を受け入れた背景には、おそらくこうした農民たちの「計算」があったはずである。逆に、米価が下落した時期には、現地では石代納（金納）に苦慮したとみえ、大規模な地租改正反対運動については「茨城三重和歌山三県暴動ノ近因ハ仮納米価ノ高キニ苦ムト云フニアリ」（地租関係書類彙纂 九二）という説明がある。区戸長・用掛宅を徹底して攻撃し公用諸帳簿を焼き払ったという事例は、北勢地域（旧三重県）など一部に限られていた［茂木］。

総じて、強硬な土地現況把握に対する不満は、インフレに起因するものも含め、事実上の減税によって大幅に緩和されていたものと思われる。もとより、耕地が一・五倍に増加したところに従来の徴税目標額を適用すれば、単位面積あたりの税額は減少するのが当然で、そのために各府県では地租改正の際に「収穫米」や地価の決定に手間取った経緯さえある。このように地租改正をソフト・ランディングさせた松方らの手腕は見事というほかない。

もっとも、この「事実上の減税」が一時的なものでしかなかったことは、その後のデフレの際に証明される。よって、増租か減租かで議論されることの多い地租改正であるが、改租直前と直後を比較しても、その意義を捉えにくいと思われる。「小さく産んで大きく育てる」という言葉のごとく、新税は抵抗の少ない形で導入するのが定石だからである。それゆえ、中長期的スパンで、貨幣価値や耕地面積も考慮しつつ、実質的な税額がどのように推移したかを考える必要がある。

新たな土地のあぶり出しと囲い込み

さて、先述の「地租改正報告書」の示す大きな変化は、土地に関していえば、耕宅地だけでなく、その外部にもある。山林原野や無税地なども含めた総反別を比較すると、改租前が三九一万六〇七七町であり、改租後には一二五四万三七七〇町である。実に三倍以上になっていることがわかる。「山林・原野・雑地・池沼」に限定すれば、一六倍以上になっている。無税地であった「民有地第二種地」（郷村社地、潰地、墳墓地）は、従来は調査の網がかかっていなかったため、「無」から、新たに六万一五八九町の改出となっている。つまり、全体としては、八六〇万町以上の土地があぶり出され、新たに囲い込まれたことになり、土地の現況調査が急速に進行した様子を知りうる。

それゆえ、地租改正は人々に近代的土地所有権を与えるために実施されたというよりは、むしろ逆に、土地をあぶり出し、囲い込んでいく上で重要な役割を果たしたと考えられるのである。

山林原野における官民区分の推移をみれば、私有地として証明できなかった多くの土地が「官没」されていったこともわかる。これは、他面からみれば、耕宅地においては明確な私有がなされていた事実を裏づけるものでもある（先述）。耕宅地において実現できなかった土地の官没を、権利関係の曖昧あるいは複雑な山林原野において実現したということである。山林原野の多くは、幕藩体制以来の伝統を引き継いで——この局面では、明治政府はそう主張するだろう——「何人のものでもない土地」として官没されたのである。

しかも、単に山林原野をあぶり出し官没しただけでなく、さらにそれを華族や政商らに払い下げるなども実際に行われていた。山林に関していえば、今日とは異なり、木材価格が高く、森林が基本財産になる時代であった。それゆえ「官林」を豪商や豪農に払い下げ経営させることも推奨されたわけである。住友をはじめとした政商が政府要人から林業経営を勧奨された話はよく知られているが、「山林王」諸戸清六（もろと）も、松方、大隈、佐野常民、品川弥二郎らから林業経営を勧奨され、事業をはじめたと伝えられている［福島、寺尾］。松方以外は農商務省のトップだった人物で、西郷従道（つぐみち）や山県有朋も含め、こうしたポストの経験者らが（払い下げられた）那須の「華族農場」の農場主として名を連ねている事実も、今日でいえば利益相反の感を禁じえない。華族農場の所有者をみれば官没や払い下げの意味は明瞭であるが、その具体的内容については、先行研究に譲る［熊谷②］。

払い下げは山林原野にとどまらず、官有物、官営工場などにも及び、これが明治一四年政変（一八八一年）の発端にもなった。開拓使の官有物払い下げは、それがすでに進行していた議会開設論と結合し、国民的規模での政府批判に発展した。しかし、払い下げ延期に動いていた大隈に対する陰謀説が流布され、かえって大隈排斥の政変によって幕引きがなされた。結局、その後も山林原野の払い下げは継続したし、開拓使官有物払い下げについては一時棚上げされたものの、のちの北海道庁によって華族や政商らに大規模な払い下げが実施された。この一四年政変によって大隈はじめ英国型の立憲制を支持する勢力は放逐され、交詢社に対抗してこの年の九月に発足した独逸学協会が、その後、体制派の牙城となっていった［渡辺①］。のちに内務省で地方制度を編纂する山県がこの中枢に座った点は、追って述べる。

†境界確認作業にともなう村々の合併

ところで、地租改正作業の過程で町村合併が多発していることは注目に値する（表4）。地租改正は村ごとに行われたが、先述のように、地籍が錯雑したり、村境を越えて飛び地があったりしたために、作業が渋滞した。当時の実態としては、耕地についてはどこの村に属するかが明らかであっても、それ以外の荒蕪地などについては帰属が曖昧な場合も多

事項＼年次		1875年7月～1876年6月	1876年7月～1877年6月	1877年7月～1878年6月	1878年7月～1879年6月	1879年7月～1880年6月		1880年7月～1881年7月	
国界釐正		3	3	4	3	1		4	
郡界釐正		6	15	8	2	2		8	
村町界釐正	地所錯雑	–	1	22	3	15	9	42	38
	紛議						6		4
村町合併	地所錯雑	1214	1589	22	264	58	35	270	–
	小村或無民家						10		269
	村費ノ軽重地形ノ便否復旧						13		1
村町分割・町村分離	地景ヲ異ニス	33	60	8	19	88	50	119	72
	人心熟セス						7		–
	旧時ノ都合今日不便ニヨリ復旧						31		47
村町改称	合併改称	88	62	16	75	149	54	–	–
	名称煩ハシキ						95		–
村町新設		9	6	4	–	–		–	
飛地組替		調査なし	調査なし	449	3601	954		1086	

表4　地租改正期の町村合併・飛地組替

「地理寮第一回年報」「地理局第二回年報」(以上、東京大学経済学部資料室所蔵)、「地理局第三回年報」「同第五回年報」「同第六回年報」(以上、法務図書館所蔵)を参照。第四回年報は、政府に納付の報告があるため(国立公文書館)、作成されたことは確実であるが、原本が見つかっていない。そのため、第五回年報の「前年比」から計算した数値を「1878年7月～1879年6月」欄に記入している。調査のないことが明記されている事項については「調査なし」、記載のないものは「–」とした。

かった。それゆえ、村と村の境界は、両村が立ち会って確認作業をするものとされていたが、何度、確認作業をしても結論が出ないという場合も少なくなかったとみられる。

関係者立ち会いによる境界確認は、言葉としては単純だが、実際には大変な作業である。現在も土地家屋調査士が土地の測量をする際に、隣接地権者全員の立ち会いと確認印を要するが、これと同様のことが町村に求められたわけである。つまり、隣接町村のすべてと相手方立ち会いの下で境界確認作業を行い、決着がつかない場合には再度実施ということを行わねばならなかったのである。

先述のように、当時の土地の入り組みや飛び地は想像を絶するほど多かったし、入り組みの相手方も必ずしも一つにとどまったわけではないため（たとえば口絵1参照）、この作業は困難をきわめた。作業の手順書には村の合併について書かれてはいないが（地租改正条例細目第三章第二条）、経費・労力の村方負担という仕組も影響して、境界画定の決着がつかない場合に打開の一策として合併が行われたと考えられる。また、境界が確定できた場合でも、徴税令書が村に届き、村人が連帯して貢租を負担するという仕組の場合、飛び地の組み替えは村高の増減をともない、関係村の間で村高の調整を必要としたために、さらに「一手間」あったはずである。

もっとも、合併などしなくても、飛び地の整理は地籍を編入先の村に変更するだけで手続は終わるのであるが、「当時人民の知識が十分に開けて居りませぬから、境界を改定した結果、右の村が左の村に入ると云ふやうになれば自分の所有地でも取られる様に考へて、容易に承知しなかった」という当時の担当者・有尾敬重（ありお のりしげ）の回想がある［有尾］。

また、検地帳上は石高が確定していたとしても、先述のように、税制上優遇された新田が飛び地の大半を占めていたはずで、しかも、その実態は反別・石高ともに帳簿に正確に反映されていたとは考えにくいから、地籍編入にともなう土地のあぶり出しを避けるために合併が選択された面もあったのではないか。合併すれば当該地の問題（境界・反別・地目などの現況いかん）は内部化されるからである（この点は、現時点では仮説にすぎないが、時間ができたら調べてみたい）。

†県の指導による村の合併

合併が「村々からの請願によって行われたものが多い」ことと、財政的な理由を挙げていることは［大島］、上記の説を裏づけるものではあるが、他方で、合併した村の数の多さからすれば、県の指導もあったと思われる。実際のところ、一八七五年二月には、①「格別便利」を生ずるもの、②やむをえないものについてのみ合併を認めるとし（明治八年内務省達乙第一四号）、一八七七年九月には、「郡村町ノ分合等ハ都テ不相成」（明治一〇年内務省達乙第八三号）として、政府は、合併を表向きは禁じていたのであるが、禁止されていた時期に合併が増加している（前掲表4参照）。

中には、筑摩県、山梨県、若松県のように、この時期に県主導で管内一斉に村々の合併を進めた県もあった（前掲表2参照）。いずれも山林地域を抱える県であったことは偶然とも思われないが、ともあれ、幕藩体制下の村々がそのまま「明治の大合併」に至ったわけではなく、特定の県を中心に地租改正作業のなかで村の合併再編が行われたのである。むしろ、明治の町村大合併はこのときの経験をふまえて構想された面があると考えられる。

一八七八年に公布された郡区町村編制法の場合、施行に際して、全国的に郡の分割も行われた（ただし、郡役所は複数の郡に一つという場合も少なからずあった）。たとえば、東京府と神奈川県にまたがっていた武蔵国の多摩郡は、このときに東（東京府）西南北（神奈川県）を冠した四郡に分割された（現在、三多摩と呼ばれるのは、のちに東多摩郡が南豊島郡と合併し豊多摩郡となったためである）。この時期に、郡、町村ともに頻繁な再編が繰り返されたのである。

いずれにせよ、地租改正によって境界紛争も村と村の関係から個人と個人の関係へと変化していき、村請制なきあとの村は求心力を失ったようにみえる。先述の郡、町村にとどまらず、「戸長役場の時代」には府県統合・府県分割によって頻繁に行政区画（戸長の管轄区域）も再編が行われたが、町村の連合事務はたび重なる再編には適合的であり、そこに住む人々にとっても、行政区画は実定的なものと印象づけられた。

†地籍編纂作業

さて、地租改正作業と同時併行で行われたのが地籍編纂作業である。これは、一八七四年一二月二八日に地籍編纂の開始を決定したものであるが（明治七年内務省達乙第八四号）、当時、改租作業が進行中で、官民ともに煩にたえないとして延期され、改租作業の終了した府県から実施することとされた。ところが、こんどは西南戦争に付随した「地租軽減歳出節約の詔書」の影響で、戸籍調査、地租改正作業、地籍図作成など、統治の根幹に関わる調査が二カ年にわたって滞ることになった。そのため、地籍編纂事業も実際に開始されたのは一八八〇年代に入ってからであり、多くの府県では完成に至らなかった。

この地籍編纂作業を担当したのは、「土地ヲ測量シ地籍地誌ヲ編輯（へんしゅう）スルコト」を目的として設置された内務省地理局である。改租作業との違いは、無租地も含め、あらゆる土地を図面に落とすという点にあった。もちろん、宅地や耕地の部分は共通するわけで、現場では地租改正にともなって作成された地引絵図が利用された。農山村の場合、改租作業の過程では耕地にしか地番が付されなかった上に、官有地については正確な測量自体が行われなかったため、官有地の地籍図作成も難航した。このとき、無租地であった道路や川にも地番を付すことになって、従来の地番を変更した地域もある。他方で、地籍編纂にともなって改租地引絵図を改定した府県もあった。土地を正確に測量し、それを帳簿化することが目標とされたが、その後、土地台帳附属地図としての更正図の作成が開始され（後述）、地籍編纂は終了する。最終的にどの府県で地籍地図が調製されたか、全貌がわからない状態である［佐藤］。

†土地台帳の新設

一八八四（明治一七）年三月一五日には、従来の地租改正法と地租改正条例を廃止し「地租条例」が公布された。地租条例制定の意図は、地租改正条例における減租と地価再改訂の公約を撤回すること、および、急激なインフレやデフレの経験を受けてであろうが、それまでの売買価格方式を改め、法定価格に基づいて地租額を算定することにあった。

前者についていえば、従来の地租改正条例では、①当面地租率一〇〇分の三とするが地租改正完了地について漸次、地価一〇〇分の一まで引き下げる（第六章）、②五年間は地価を据え置き、その後五年ごとに地価を改定し土地の現況を調査する（第八章＝一八七四年五月一二日に追加）という二点を公約し、地価決定に対する農民の不満をなだめてきたのであったが、五年目が終了した一八八〇（明治一三）年にはこの改定を実施しえず、さらに五年延期していた。しかし、地租改正が一段落するに及んで、両公約の履行を迫る動きが活発化していた。これらの公約を新法（地租条例）の制定によって消滅させたのである［新井］。

五年ごとの現況調査を廃止したことと関係してであろうが、一八八四年一二月一六日の

「地租ニ関スル諸帳簿様式」（明治一七年大蔵省達第八九号）によって、府県庁・郡区役所・戸長役場に、法令の定める帳簿と図面をそれぞれ設置することとされた。このときに、戸長役場に地租徴収の基本台帳として新たに置かれることになったのが、「土地台帳」である［新井］。これは、欧州のカダストル（Cadastre）に準拠して土地の台帳を整備するもので、記載事項は、地価・地租額、所有者、土地の種目、反別、所在地、地番や異動の沿革などとされ（明治財政史 第五巻）、一八八八年中には全国でほぼ完成をみたという［福島］。

ところが、上述の土地台帳を、土地に関する正確な根本台帳として完成させるには、現場にはいくつもの難関が存在していた。土地台帳は、従前の地券台帳（郡役所に設置）および地券地図（改租図）を基礎として作成されなければならなかったのであるが、この両者と現況の乖離が甚だしかったためである。地租条例の施行によって土地の現況調査は棚上げされたものの、実際には、早い段階に実施された改租作業ほど遺漏や誤りを多く含んでいたし、地租改正後の無届地目変換や無断開墾もあった。また、先述のように、丈量に用いた間竿の長さが地域によって異なっていたという場合もあった。さらに、宝暦検地の反別をそのまま地租改正に利用した山口県長門（ながと）のような例（後述）もあり、正確な土地調査の実施が課題となった。

そのため、土地台帳の編纂を所管する大蔵省は一八八五（明治一八）年二月二日、「地押調査ノ件」（大蔵大臣訓令主秘第一〇号）を発し、改租図の修正作業を実施することとした。それが、ここでいう地押調査である。地租条例の罰則は、今回に限って適用しないこととし、脱落地・無断開墾地・無届地目変換などの「異動地」や官地を侵墾したものについて申告させ、未申告で収税吏の検査の際に発覚した場合には地租条例によって処罰するとした。地租を低減するために周辺の土地よりも地価を安く申告した場合には「官が買い上げる」という脅しもあった。最終的に、脱落地・異動地の訂正を経て「地押調査帳」などの帳簿が作成された［佐藤］。

この地押調査の結果、一八八八（明治二一）年までに、またしても一二七〇七万八〇六四筆、四五万一九八六町の土地が新たに改出された。改租時の丈量が粗略であった五県（山口県長門、福岡県筑前・豊前、大分県豊前、岡山県美作（みまさか）、岐阜県飛驒）について別表が付され（地租関係書類彙纂　九四）、これによれば、山口県長門では総筆数の四二パーセントで訂正がなされ、反別では一八七三年の七割増、改租時の旧反別からも四割増になっている［佐藤］。多くは無届の地目変換地や遺漏脱落地が摘発されたものであった。これも、さきの地租改正の際と同様に、非効率な調査を弥縫的に繰り返した理由が、耕地の調査逃れにあったことを裏づけるものであろう。この地押調査については、政府は「鎖少ノ広狭」を問題にするものではないと説明していたが、群馬県碓氷（うすい）郡のとある百姓総代が地押役人の叱責を受けて墓所で縊死した例も挙げながら「人民頗ル怨声アリ」と記す報告もある〔山中〕。

最終的に、地租改正前に三二六万四四四町であった耕宅地が、一八九〇（明治二三）年末には、五四三万一四一八町（『日本帝国第一〇統計年鑑』）へと拡大している（町未満を四捨五入した数値）。地租改正作業と地押調査によって二二三万町の耕宅地が改出され、耕宅地面積は一・七倍近くになった。つまり、それ以前は耕宅地の約四割が帳簿から漏れていたということを意味していた。不正確な測量、非効率な測量が国による支配を妨げてきたのであり、それゆえ、一見些末な事実の積み重ねにも外見を超えた深い意図が存在していたわけである。さらに、地租改正作業・地押調査まではそうした細工が「有効」だったということでもあった。

†更正図の設置

一八八七年六月二〇日には大蔵省が「地図更正ノ件」（明治二〇年大蔵大臣内訓第三八九〇号）およびその別紙「町村地図調製ニ関スル方式及更正手続」を発した。土地台帳に載った土地情報は、実際の位置と区画についての情報を欠いていたため、附属地図によってそれらが明示される必要があった。それゆえ、更正図は土地台帳附属地図として、土地台帳と一対のものとして扱われることになるのである。この内訓は、その更正図（町村図および字図）について、丈量および更正図作成の方法に関する準則を示すものであり、先述の地押調査はその前提という位置づけとされた［佐藤］。つまり、地押調査による修正を経た図だから更正図なのである。

上述のような、土地台帳および更正図の設置は、単に土地売買・公証の方法が変更されたという問題にとどまらず、土地の掌握や管理をめぐる重大な転換を示唆するものである。なぜなら、地券による土地の個別的管理から、台帳による一元的管理への移行、換言すれば、一筆ごとの土地を積み上げていくのではなく、国土を一筆ごとの土地に切り分けていく方式への転換を示しているからである。

パズルを想像すればわかりやすいが、別々の時期に異なる方法で測量され作成された耕地、畦畔、屋敷、道路、川などの図を隙間なく一枚の絵に復元することは、まず不可能である。逆に、全体から、一筆一筆のピースを切り出していくように作業を行えば、土地の全体像が復元可能である。この時期に、このような転換がもたらされたのである。そのための根本台帳が土地台帳および更正図だということである。だから、このときから土地の位置と境界についての情報が重視されるようになる。つまり、個々の土地も境界によって囲い込まれたのである。それが後述する「余白なき帰属」と連動することも明らかであろう。

もっとも、それは観念上の話で、実際には、過去に作成された耕宅地絵図をそのまま更正図として流用した例もあり、地租改正期の地引絵図が更正図として伝わっていることも少なくない。そのため、一枚一枚の更正図は大小さまざまで、ときには更新の際に切り抜かれていびつな形をしていることもある。こうした絵図に、境界情報を加えていくことにより、いびつな絵図を隙間なく補正することが企図されたわけである。そして、その作業は、このときに完了したわけではなく、現在もなお「地籍調査」という名称で続けられている。

地図が方角を決め、同一縮尺で一定の面積ごとに切り分けられるのは、陸軍の迅速測図として部分的には開始されていたが［井口］、一般図においてこれが実行に移されるのは、一八九五（明治二八）年のことであり（二万五〇〇〇分の一地図。五万分の一は一九一〇年開始）、今しばらくの時間を要した。

†更正図をもとに作られた「地図に準ずる図面」とマイラー図

この土地台帳・更正図は、後述する町村大合併ののち、一八八九年から一八九二年にかけて各地で調製され、整備されていく。土地台帳が地租の課税台帳となり、更正図がその附属地図（附図）とされた（明治二二年勅令第三九号「土地台帳規則」）。よって、土地台帳・更正図の正本は、その後、府県収税部出張所、さらに大蔵省直轄の税務署へと引き継がれた。市町村のものはその副本である。それらは、一九四九（昭和二四）年には、地租廃止・固定資産税導入によってその使命を終えることになったが、これを受けて、翌一九五〇年に正本は法務局に移管され、現在も旧土地台帳附図＝「地図に準ずる図面」（不動産登記法第一四条第四項）として保管されている。

図11として引用したのは、さきに口絵1で紹介した旧新関村周辺における現在の地図である。「地図に準ずる図面」たる更正図が摩耗しないよう、その後（一九七二年度から予算措置）、土地の境界を半透明のポリエステル・フィルムに転写した「マイラー図」が作成されるようになった［新井］。図中の破線は市の境界を、点線はマイラー図上の更正図の境界を、細い実線は字界を、それぞれ示している。これは、更正図（和紙公図）をもとに作成したものであるから、完全には一致しないとしても、おおよそ元の地図と範囲が対照している（図12、図13）。耕地整理がなされた場所では耕地の形が長方形になり、更正図も単位面積を大きくして作り替えられた。さらに、耕地整理にともなって字レベルの飛び地が整理された。そのため、耕地整理の終了時には地番変更が行われるのが通例であり、都道府県の広報号外などに新旧地番の対照表がリストされている。それらをみれば、どのように飛び地の整理がなされたかがわかる。

図11　新潟市秋葉区・五泉市境界部分地図
これは、口絵1に示した旧新開村近辺の地図である。国土地理院の基盤地図情報を利用して著者（荒木田）が作成した。新開村が、新潟市秋葉区、五泉市に分割されている様子がわかる。また、地図左側では耕地整理が進行し、更正図が更新され、宅地部分は旧来のものを引き継いでいる様子もわかる。現在も「字」の飛び地が残り、町村合併では解消されなかったこともわかる。

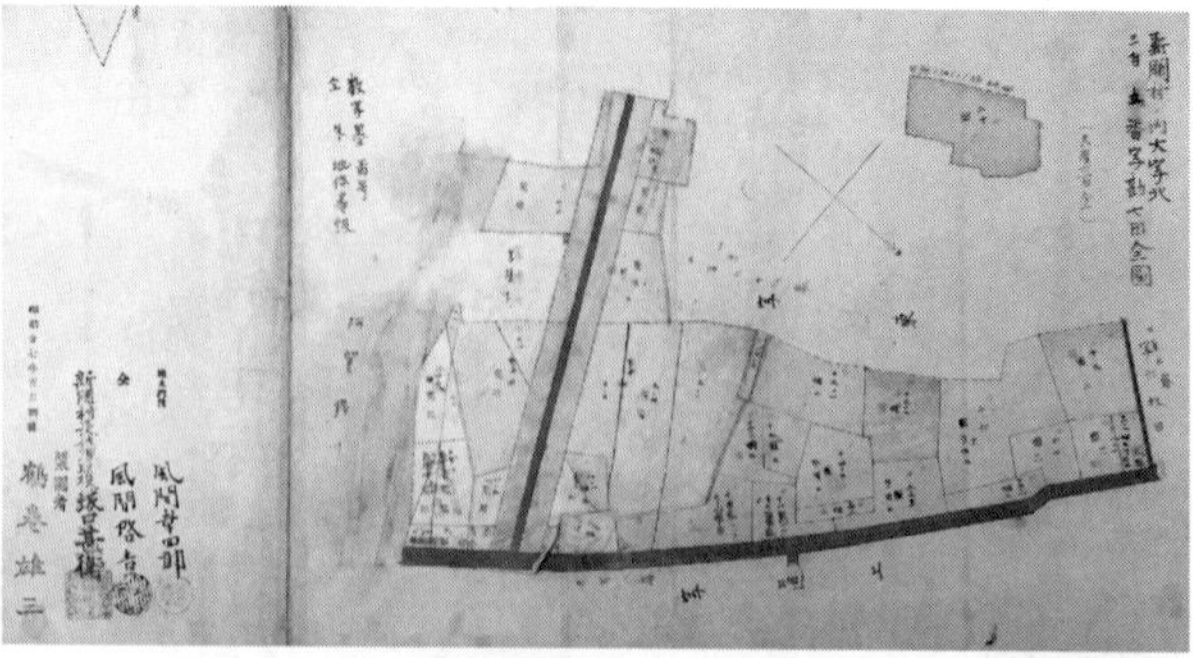

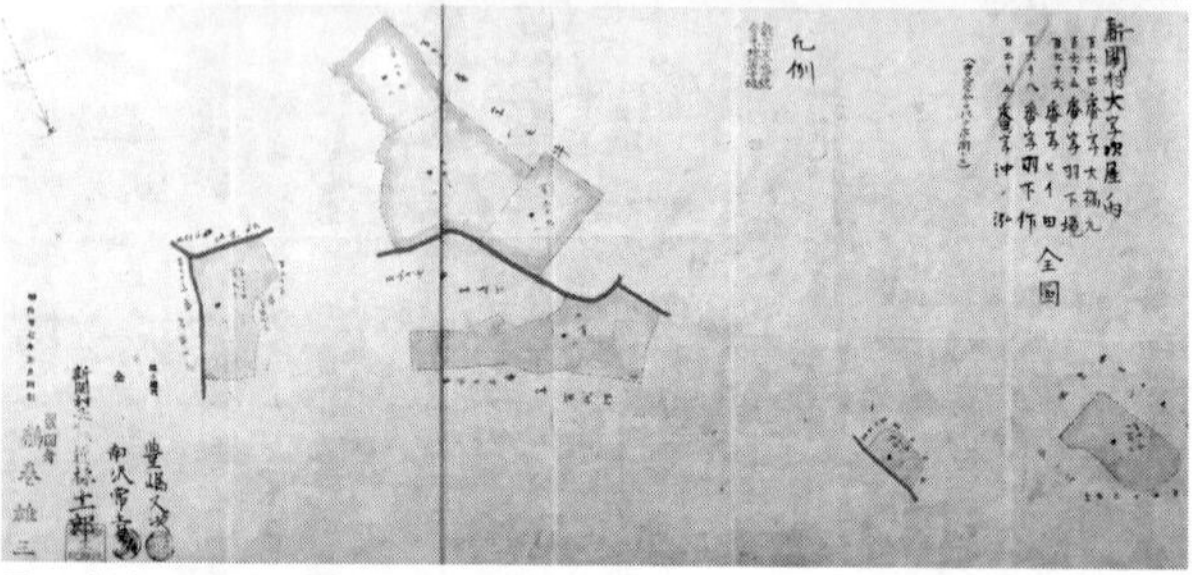

図12（上） 1894年新関村作成の更正図①
「新関村大字北」の更正図の一部、新潟市役所横越公文書分類センター所蔵。更正図上も耕地が飛び地になっている様子がわかる。また、方角が北を上方に統一されていないこともわかる。
図13（下） 1894年新関村作成の更正図②
「新関村大字次屋」の更正図の一部、新潟市役所横越公文書分類センター所蔵。こちらの絵図では、大字次屋（旧次屋村）の耕地が飛び地として別の大字（旧村）に入り込んだ部分の耕地がまとめて書き上げられている。方角と大きさが統一されている。新関村は互いに入り組んだ19カ村の合併によってできた村であるが、同様の大字ごとの飛び地絵図がほかの大字にもある。つまり、大字の飛び地は合併によって解消せず「内部化」されたわけである。

村々の間の飛び地は町村合併や耕地整理（耕地整理法・一九〇〇年施行）・土地区画整理事業（土地区画整理法・一九五四年施行）によって組み替えられ、合併後の字レベルの飛び地は、耕地整理や土地区画整理事業によって組み替えられた。他方で、集落のある場所は耕地整理が入らず、それゆえ、一枚の更正図がカバーする範囲が小さく、字の飛び地（町名の飛び地）が残っている様子もわかる（図11）。

マイラー図の作成にともなって、和紙の絵図（更正図）は、通常の利用をしないことになったため、法務局で更正図を閲覧する際には「閉鎖した地図・地図に準ずる図面（公図）」として請求する必要がある。また、昨今の地籍調査の進展やプライバシー観念の浸透によって、これらの利用を停止する動きも見られるようになった。壬申戸籍と同様、土地台帳や更正図も閲覧禁止となる日が訪れるかもしれない。

†土地台帳規則と登記法制定

一八八九（明治二二）年三月二三日、市制町村制施行を前に「土地台帳規則」が公布された（明治二二年勅令第三九号）。地券制度は一八八六年の登記法（後述）により廃止されていたが、すでに発行されていた地券もまた土地台帳規則によって廃止されることになった（同法律第一三号）。その一〇日前には国税徴収法が公布され、個別の地券に基づく地租徴収から、土地台帳に基づく地租徴収への変更が通達されていた。

こうした戸長役場における土地台帳の整備と併行して、一八八六年八月一一日にはプロイセンにならって登記法が制定された（明治一九年法律第一号）。登記法により、登記事務は、治安裁判所（一八九〇年からは、区裁判所）において取り扱うものとされた。この登記がない場合、所有権移転等は第三者に対し法律上有効ではないものとされ、これにより「土地売買譲渡規則」は廃止された。この背景には、従来無料で行っていた公証を、登記法導入により有料化するという動機もあった［新井］。もっとも、実務の上では一九四カ所の治安裁判所で全国の登記事務を完遂できるはずもなく、この年の法令全書には、全国二〇七二カ所の登記所がその管轄区域とともに二七九ページにわたって延々と列挙されている。そのほとんどが戸長役場であったことが示すように、実際の事務は戸長が引き続き担っていたわけである。

政府による土地のあぶり出しとその囲い込みの流れのなかで、土地公証も戸長から裁判所に移動していったことがわかる。その遠因は、松方デフレによる農村の窮乏化とそれによる土地売買の増加、さらに、それにともなう地券への加判をめぐる戸長を相手とした訴訟の増加にあった。一八八二年一二月二一日「地所建物船舶売買譲渡質入書入ノ際公証猶予方」（明治一五年太政官布告第六〇号）の元老院での審議過程で問題とされているのは、「其(その)

地ノ事情ニ通シ彼我ノ交渉ヲモ暁知スル」戸長が土地売買の際に当該案件の事情を勘案し「公証拒ミ」「奥印拒ミ」をして訴えられた事例や、逆に、家督を引き継いだ放蕩者の養子が、戸長の公証を得て物件を売り払ったことが問題となった例などである。

戸長は、土地売買に際して、加判しても、それを拒んでも訴えられるという事例が頻発したとされる（「行政裁判ニ関ルモノ十二八九ハ戸長ヲ被告者トセリ」とある）。このときは、地所・建物・船舶の売買・譲渡・質入に際しての戸長の公証につき、すでに訴訟がある場合、判決まで公証を行ってはならないとされたが（『元老院会議筆記　第一四巻』）、やがて、登記法によって公証の権限自体が裁判所へと移行させられていった［熊谷①］。

村請制が解体され、村が土地を取り扱う根拠もメリットも失われるなかで、土地の登記も公証も、権限としては、村や戸長から国へと移され、村の自立性が奪われていった。もちろんこれは、他面においては、個々人の土地売買に対する村の容喙を排除するという意味では、近代的土地所有なるものを実現する上で重要な改革だったということでもある。

3　「明治の大合併」と市制町村制における転換

†市制町村制の制定

戸長役場体制下で、一八八三（明治一六）年から開始されていた統一的地方制度の編纂であったが、一八八六（明治一九）年六月のアルベルト・モッセ来日によって急速に進行し、村（市町村）レベルに関していえば、最終的には市制町村制という形で一八八八（明治二一）年四月一七日に制定され、同二五日に公布された。そして、ほとんどの府県で翌一八八九（明治二二）年四月一日から施行された。

内務省で策定された市制町村制の当初案が「自治部落制草案」という名称であったことなどに示されているように、この時点では、町や村を「自治部落」――現在の用語でいえば「自治体」――にすることが目標となっていた（自治部落はゲマインデの訳語〔池田〕）。すなわち、一方で、それまでの町村の連合事務（＝戸長役場体制）を改め、町や村を単位として行政を実施しようと考え、他方で、その行政区画を「自治の単位」と一致させようとしたのである。図式的にいえば、乖離している自治の区画（＝合併前の町村）と、行政の区画

（＝戸長の管轄区域、すなわち町村を連合させたもの）を、統合しようと企図したわけである。つまり、町村の区域と行政区画を一致させるということが、またしても課題として浮上したということである。

一応付記すれば、議会を設置すれば「自治の単位」と見なされたふしもあるので、既存の戸長の管轄区域に議会を設けるという考え方もできなくはなかったはずであるが、町村に議会を置き、町村連合にも議会を置くようなことになれば屋上屋を架すことになるため、これは採用できなかったようである。

前章で述べたように、町や村を行政区画とするという方針は、一〇年以上も前に困難に直面し、いったんは棚上げされていたのであるが、今回、市制町村制の制定にあたっては、そのときとはまったく異なる方法でその実現が期された。すなわち、「その単位で行政が実施可能なものを村や町として認める」という発想の根本的な転換を行ったのである。

その結果、村（市町村）の存立要件は、①疆土（きょうど）、②人民、③「十分ノ資力」として定式化された（市制町村制理由）。①は区画の明確化を、②と③は事務を渋滞なく遂行する体制の確立を、それぞれ目的としていたが、それらの要件を満たすためには既存の町村は狭小に過ぎるとして、合併を迫られたのである。①②によって、地籍をもたない町や無民戸の村は明示的に否定された。そして、先述のように、町村の区域（自治の区域）と行政区画を一致させる方法は二つあった。すなわち、行政の単位を既存の町村に適合させる方法と、町村の区域を行政の単位に適合させる方法とであるが、前者の方法についてはかつて失敗した経緯があり、今回は後者の方法を採用するに至ったわけである。

†土地の余白なき帰属のための町村大合併

まず、市町村の存立要件の②と③についてみると、これらは、行政事務を負担可能な人口(戸数)と財力の問題として提起された。具体的には、「町村合併標準」という形で、戸数の上では「三百戸乃至(ないし)五百戸ヲ以テ標準トス」として、財政的には「町村税総額」が八〇〇円以上と定められた(一八八四年以来、連合戸長役場の管轄区域は五〇〇戸を標準としていたため、これを受けたものであろう)。

政府が槍玉に挙げていたのは、「無民戸」の村や規模狭小・資力薄弱の町村であったが、当時、無民戸の村が全国に八〇一あり、戸数一〇〇に満たない町村は四万八四二〇と、全体の七割近くを占めていた。他方で、合併標準が基準の下限として示していた三〇〇戸以上の町村は四七一四と、全体の一割にもはるかに及ばなかったのである(大森鍾一関係文書一九)。「標準」という言葉は、町や村が行政目的に合致していない場合には作り替えられてしかるべきという意図を端的に表現していると同時に、その際の「原因」は当該町村の側にあるというふうに印象操作するものであった。このことによって、新たな村（市町村）を自治体としてスタートさせるにあたっては、町村の統合（＝明治の町村大合併）を前提としたのである。

①の疆土要件もまた町村合併とは親和的であった。というのは、「区画の明確化」は、意味としては明瞭であるが、実際には簡単な作業ではなかったからである。あらゆる土地がどこかの町村に帰属しているわけではない以上、山間部を中心に境界の未定地が多くあり、また、境界紛争地も存在し、さらに、それらとは別に複数の村々の（あるいは入会集団の）入会地も存在していた。組み替えをつづけてきた「飛び地」も、まだ多く残されていた。先述のように、当事者のみが土地の帰属を承知しているという例も多かったので、統治上、問題を残していた。

戸長役場体制は、地籍と戸籍の分裂という矛盾を覆い隠すことにも一役買っていた。富山県高岡町では、一八八〇年代に入ってからも、戸籍は町、地籍は村という相対請地の慣行がつづいており、行政区画の一元化が実現できていなかった。あるいは、それゆえに戸長役場体制でなくてはならなかったともいえる。

こうした、あらゆる土地の余白なき帰属（これはモッセの重視した論点である）、境界紛争の処理、入会地処分、飛び地の処理、境界確定、行政区画の一元化という複数の課題を一括

筆界未定となった土地は、地籍図上、以下のように筆界未定となった地番が（1＋2）と表示がなされます。（例：1番と2番の土地の境界が決まらなかった場合）

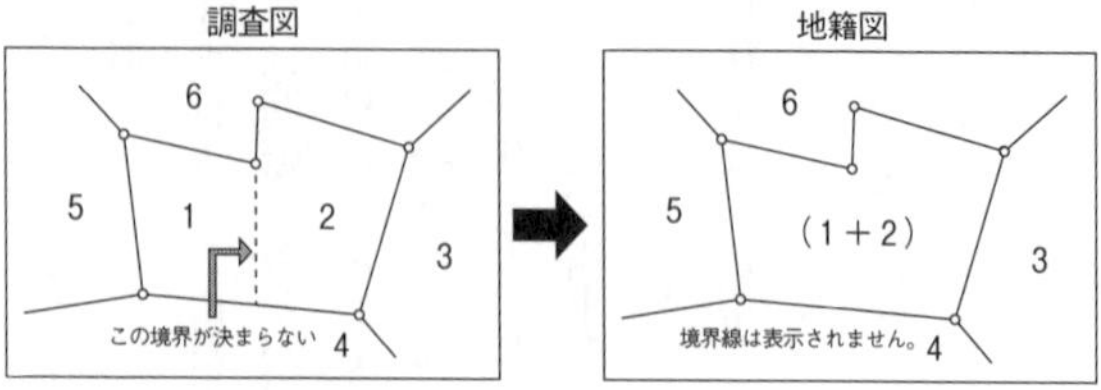

【筆界未定となった場合の地籍図の表示】
※　地籍調査終了後に境界が決まっても、測量や登記申請は全て個人負担となり、多額の費用が掛かることが予想されます。
土地所有者は筆界未定とならないように、境界を確定することをお願いします。

図14　地籍調査における境界未定地の処理
男鹿市総務企画部財政課管財班「地籍調査について」p. 4から引用（日付を欠くが、2018年度作成のものと考えられる）

して解決するための手段として町村の大合併が構想されたのである。

たとえば、富山県下新川（しもにいかわ）郡では境界未定地を含む関係村を合併させて五箇庄（ごかしょう）村としている。また、同県射水郡では、青井谷村、浄土寺村、上野村、上野新村と、青井谷（あおいだに）・浄土寺・上野村の入会地を合併させて金山村としている（富山県町村合併誌・上巻）。もちろん、町村合併が境界紛争や入会地の帰属問題などを、それ自体として解決するわけではなかったが、問題が合併した村に内部化されれば、表面的には問題が片付いた形になり、「あとは村のなかで処理せよ」という話になるわけである。現在、全国で進行中の地籍調査でも、筆界のレベルでは同様の処理

(＝境界未定地の合筆)がなされている(図14)。

村々の境界紛争の多くは、(入会地の帰属問題を除けば)境界をめぐる個々人の間の紛争をどちらの主張に基づいて解決するかという問題だったのであるが、この個別的問題が、村によって代位されて、村と村の間の紛争になっていたものである(たとえば、「公文雑纂 明治一九年 第二八巻 司法省一二」収載「宮城県平民石川栄之助ヨリ戸長ニ対スル境界地争論ノ訴状却下ノ件」など)。合併により紛争が内部化されると、これが再び個人間の問題になって、村の役割が後景に退くことになる。その意味で、境界紛争は村の自立性に関わる問題でもあったのだが、村請制なきいま、すでに村が個々人の境界紛争を代位する理由もなくなっていたわけである。

†郡を切り分けて作られた町村

さて、このときに課題となっていたのは、あらゆる土地をどこかの町や村に帰属させるということと、行政を実施する上で「適正規模」となる町や村を作り出すことであったから、新たに設置された村は、それまでの村とは異なり、国を切り分けていった末にできあがったものである。「其区域(市町村の区域——引用者注)ハ素ト国ノ一部ニシテ国ノ統括ノ下ニ於テ其義務ヲ尽サ、ルヲ得ス」というのは、そのことを述べているのである(市制町村制理由）。

とはいえ、既存の町や村を無視して新たな行政区画を作ることは非現実的であったため、結果として既存の町村を合併させるという形式を採ることになった。つまり、外見的にはこれまで存在してきた村々を束ねて新しい村が作られたような体裁をとりながら、実際には郡を切り分けて村を作ったのである。それゆえ、現実には「お隣」としか合併できず、合併相手も自由に選べたわけではなかった。都市部には「市」という新しい行政区画を誕生させたが、それ以外の場所では、結果として村や町という、既存の名称をそのまま引き継ぐことになった。そして、こうした合併が可能になったのは、土地の実態把握が進み、あらゆる土地があぶり出され、囲い込まれたからであり、ここに至って、「村（市町村）を自治体とする」という、悲願の構想が現実化したのであった。

そのことは、市制町村制において、市も町村も「従来ノ区域ヲ存シテ変更セス」としながら、「但将来其変更ヲ要スルコトアルトキハ此法律ニ準拠ス可シ」（市制、町村制ともに第三条）という形で規定され、その合併・分割・境界変更の手続については第四条に定められた。「市制町村制理由」によれば、従来の区域を変更しないことが原則ではあるが、資力薄弱でその負担に堪えず「自ラ独立シテ其本分ヲ尽スコト能ハザルモノ」があるので、合併等の区域変更に「国ノ干渉」が必要であるとしている。

つまり、従来の区域を引き継ぐという「原則」で新しい制度を軟着陸させながら、実際には国の干渉によって大合併を行い、新たな村（市町村）を作り上げたのである（政策的なねらいを「例外」の部分に書き込むという回りくどい方法は、当時の法制局長官が好んだようで、この時期の法令に非常に多くみられる）。そこでは、同じ「村」という名称でありながら、その内実や性格は大きく変更を迫られた。それは、合併を経験せず、従来の区画を維持した村（町）にとっても同様であった。「支配の際に村を重視する」というときの村は、従来の村を意味していなかったということである。だから、村を行政区画として認めるといいながら、かつての村を解体再編する形で村が作られたのである。

合併は、各府県の主席書記（事務方のトップ）を委員長とした町村制実施委員会（名称は府県ごとに微妙に異なる）が取り仕切ったが、府県からの諮問は郡長へ、郡長から戸長へ、戸長から町村へ交付され、実際の組み合わせ決定や関係町村間の調整は、どこの府県でも町村会から選出された「末端の委員」が行ったのである。答申までの期限は数日しかないことが多く、しかも、合併協議はしばしば紛糾したが、その矢面に立ったのも地元選出の委員であった。

†市制町村制施行前に合併を強行した理由

こうして、明治の町村大合併は、この市制町村制の施行に間に合わせるべく駆け足で実施され、全国に七万一三一四あった町村を、一年足らずの間に一万五八二〇市町村へと、約五分の一の数にまで統合した（内務省統計報告）。市制町村制の施行前に合併を強行した理由として「之れ（市制町村制のこと――引用者注）を実施すると自治団体になつてしまふので其自治団体は容易に合併が出来ぬ訳である」という推進者による回想もあるが［池田］、村に自治を認めようと考えたのであれば、そもそもこのような心配をするであろうか。しかも、その後のたび重なる政策的合併の誘導と実現からすれば、そういった懸念は取り越し苦労であったようにも思われる。むしろ、合併を急いだ理由としては、市制町村制が合併した規模での事務遂行を念頭に置いていたという要因が大きかったであろう。

ともあれ、この大合併によって村の段階まで郡県化が進んだ。あらゆる土地がどこかの村（市町村）に帰属することによって、「土地を通じた人の捕捉」は完成する。「余白なき帰属」は、国土の隅々まで、残らず、例外なく統治するということを意味した。その前提に、地租改正・地押調査により帳外地や遺漏脱落地があぶり出され、囲い込まれたという事実があった。あらゆる土地を囲い込むことによって、支配の及ばぬ場所が消滅したことの意味は大きい。土地の囲い込みが完了することによって、人の囲い込みもなされるからである。だから、そのことの完成として市制町村制の意味を捉える必要がある。

もっとも、村の側からすれば、用益のない土地や、辿り着くことのできないような深山幽谷を受け取ったところで、維持管理の手間や費用が増えることはあっても、メリットはほとんどない。だから、あらゆる土地をどこかの村に帰属させるということは、郡県化の完成のために国が必要としたことであって、村が要求したことではない。実際、未帰属地の多くは山林原野であり、それらは「地租改正事務局達乙」（一八七五年一二月二四日）によって、従来の「官有林野払下規則」（一八七〇年一〇月二一日＝明治三年九月二七日）以来の方針が転換され、その後、官有地に編入されていた。ようするに、村は徴税の見込みのない土地の管理を任されたということである。そして、山林の大半が官有地であったがゆえに村への編入もまた容易だったのである。

†「住民」の出現

市制町村制において「住民」という言葉が出現することにも留意しておきたい。この言葉はすでに徴兵令・緒言に「沿海ノ住民」、大久保上申書の中に「住民社会独立ノ区画」などという形でみえるが、法律の上で定義されるのは市制町村制が最初である。町村制第六条には「凡町村内ニ住居ヲ占ムル者ハ総テ其町村住民トス」と規定されている（市制第六条に同様の規定がある）。そして、「〜の住民」というように、通常は地名とりわけ市町村名をともなって使用されるようになる。当初案では「属民」という言葉だったのであるが、元老院での審議で「住民」とされた経緯がある（『元老院会議筆記　第二九巻』）。いずれの概念も「余白なき帰属」や「土地を通じた人の捕捉」を象徴するものといえる。

念のため付記すれば、この条項でいう「住居」とは、住所（生活の本拠を意味する＝一人につき一カ所）と異なり一人が複数持てると解されたため、同時に数市町村の住民であることが可能であるとされた。内務省は、愛知県その他から寄せられた伺いに対し、「甲乙両地ニ居住ノ実跡アルモノハ両地ニ住民権ヲ有スル義ト心得ヘシ」と指令している。

また、府県を郡市に、郡を町村に分割して村や町を作ったという経緯からいえば、ある村の住民は、自動的に当該村を包含する郡や府県の住民になるわけである。それゆえ、府県制には住民についての言及もないのだといわれる［美濃部①］。もっとも、府県の区域については、当初の法令（一八九〇年の府県制郡制）では明確に定義されておらず、一八九九（明治三二）年の改正府県制において初めて「府県ハ従来ノ区域ニ依リ郡市及島嶼ヲ包括ス」と定義された（第一条）。このときに、府県を区切り郡・市を置き、郡を区切り町村を置いたことが自覚的に示されるようになったのである。

†行政区画としての村の再生

　ところで、大合併にもかかわらず、案外、町村の連合事務が多かったのも事実であり、四二市、一二五二町、一万三七八〇村に対して、四二市役所、一万二五五九町村役場であった（『日本帝国統計年鑑　一〇』、一八九〇年一二月三一日現在の数値）。だから、一般行政区画としての市町村という大枠はこの時期に作られたのではあるが、合併の「積み残し」を処理しながらそれが「完成」するにはあと十数年を必要とした。この期間を通じて（市）町村の規格化や規模の平均化が進行している（表5）。また、一八九〇（明治二三）年に公布された府県制・郡制も府県によっては施行が遅れ、その意味でも制度が安定するまで今しばらくの時間を要した。

　飛び地に関しても、土地の入り組みは特定の村との間にのみ存在していたわけではないので、合併によってすべて整理できたわけではなかった。その後も、多くの地域で飛び地が残ったのはそのためである。飛び地整理の要請に相手方の村が応じず、組み替えが不調に終わったという報告も少なからず見受けられる（新潟市江南区郷土資料館所蔵「成田伝三郎文書」など）。これは、「土地を通じた人の捕捉」を町村合併によって実現しようとしたことに基づく矛盾であった。このような「残った飛び地」は、その後の耕地整理や土地区画整理事業などの際に解消されていった（先述）。

とはいえ、結果からすれば、部分的な抵抗はあったものの、全国横並びで大合併を実現させている以上、多くの人々もまた、「村が行政区画になる」ことに対し無言の承認を与

道府県名＼年		1873年	1876年	1890年	1903年
北海道（開拓使）		42.2	？	73.1	421.8
福島県	福島県	93.5	99.1	369.4	393.3
	若松県	31.4	60.5		
	磐前県	48.2	53.7		
千葉県	木更津県	74.9	78.3	588.7	627.5
	印旛県	62.9			
新潟県	新潟県	58.1	59.4	362.3	654.7
	柏崎県	56.6			
	相川県	63.5	66.6		
石川県		61.8	57.6	528.7	512.2
山梨県		88.0	214.5	330.5	351.5
長野県	長野県	111.7	126.0	569.9	622.5
岐阜県	筑摩県	79.7	594.2	187.3	550.8
	岐阜県	87.9	112.8		
愛知県		96.2	95.6	495.4	527.5
和歌山県		73.8	78.5	553.6	548.3
山口県		236.1	280.8	829.8	890.9
長崎県		320.6	342.9	484.9	562.0

表５　府県ごと１町村あたり戸数の年次推移

1873、1876年は「日本全国郡区分戸籍表」「県分戸籍表」等を参照。調査基準日はともに１月１日である。1890年は『日本帝国統計年鑑　10』を参照。北海道には市制が施行されていなかったため札幌市の区数（2）を市と読み替えた。1903年は市町村数については『日本帝国統計年鑑　23』を、現住戸数については『日本帝国統計年鑑　24』をそれぞれ参照した。帝国統計年鑑の調査基準日はいずれも12月31日である。北海道については、1873、1876年は開拓使、1890、1903年は北海道庁時代である。1876年のカラムが「？」になっている理由については、本書の表２で述べたとおりである。

えた、あるいはそれを当然のことと考えていた、ということになるだろう。村人の主体性が村を作ったのであれば、村が横並びで合併し、規模を均一化させていくものであろうか。

また、他面からみれば、地租改正によって村請制が解体され、村は貢租の共同負担母体という性格も失っていたため、村が抵抗の基盤になりにくかったという面もあっただろう。石高制の帳尻合わせのため切り刻まれた瀕死の村が、行政区画という新たな性格を付与され——自発的に「獲得」したのではない点に留意——、再生した瞬間でもあった。

†村の「法人化」

さて、市制町村制における変化は、余白および重複のない土地の支配のほかにもあった。それは、村（市町村）の「法人化」である。町村制第二条に「町村は法律上一個人と均く権利を有し義務を負担し（以下略）」と書かれているように（市制第二条に同様の規定がある）、このときに村は「法人」化された。法人化は多様な文脈で用いられ、意味合いによっては幕藩体制下の村がすでに法人であったという議論もありうるが、本書で重視しているのは、法共同体としての性格の否定、すなわち、「権利主体を個人から団体へと移動させる」という、この時期の流れ（トレンド）である。つまり、市制町村制によって、権利主体たる個々人の集合としての村（法共同体としての村）という性格が否定され、村自体が一個の人格をもったものとして再定義されたということである。

団体への権限移動の背景にあったのは、民権運動への対抗意識である。先述のように明治一四年政変によって、政府内から「衆庶議会」を主張する英国流立憲主義勢力が放逐され、独逸学協会に集う「プロイセン流の君主専治」派が隆盛をみる［渡辺①］。一八八三（明治一六）年、東京大学に独法科が開設され、高級官僚の供給源になっていくこともそれと無関係ではない。周知のように、のちに大日本帝国憲法は欽定憲法という形で制定されるが、これを既成事実にする形で憲法制定に先立って地方制度が作られた。独逸学協会の中枢を担う内務卿・山県は、そのことに自覚的であった。

すなわち、村もまた、国家という法人ないし「有機体」における、一つの「機関」にすぎないということを憲法に先立って表明したのである。そのことを、山県は「立憲政治ヲ行フニハ、其ノ基礎トシテ先ツ自治制度ヲ施ヲ要ス」として、先行して憲法を制定させようとする伊藤らを説き伏せたと回顧する（徴兵制度及自治制度確立ノ沿革）。言外の意図は、帝国憲法に地方自治を規定しないことと、国会で地方制度を議論させないことにあって、このアイデアを山県に吹き込んだのもまた、おそらく井上毅（こわし）だったと思われるが、その点についてここではふれない（「確立ノ沿革」では、モッセの建言に基づいたと説明されている）。いずれにしても、地方経営は「国のかたち」と連動するのであり、「村のかたち」は「国のかたち」をそのまま反映していたといえる。

国家法人説は「天皇機関説」という形で人口に膾炙しているが、のちに菊池武夫陸軍中将が貴族院において論難したように、天皇を国家の一機関とするということは、天皇が国家をその外部からコントロールする権能を制限するもの（たとえば、天皇大権の行使には国務大臣の輔弼が必要）で、その意味では、個々の国民から権限を団体に移動させたにとどまらず、君主の主権もまた部分的にではあれ制限したのである。

†村の意思は国家の意思――機関委任事務

地方制度編纂の過程で、一八八六（明治一九）年に発生した条約改正問題は、ノルマントン号事件や翌一八八七年の鹿鳴館にからむ政治家らの醜聞も相まって、それまで低調だった民権運動に再び火をつけ、三大事件建白運動や大同団結運動という形で政府を追いつめた。これに対し、政府は保安条例によって主要民権家を首都から追放した。結局、条約改正は失敗し、欧化政策を推進した井上馨外相は失脚して、内地雑居論も下火となり、対外硬運動が勃興した［渡辺①］。こうした流れのなかで、市制町村制をはじめとする地方制度が編纂され、帝国憲法さらには教育勅語も策定され、帝国議会が開設されていくことに留意したい。

団体への権限移動に話を戻せば、国家を「永遠恒久ノ単一体」として維持するために、「絶エズ新陳代謝」する個々人から権限を委譲することが正当化され、「団体ガ其ノ全体トシテ自己ノ目的ヲ有シ活動力ヲ有ス」ために「其ノ総テノ活動ハ統一的ノ意思ニ依リテ指導セラルコトヲ要ス」というのが、のちに書かれた教科書的な説明である〔美濃部②〕。意思が二分しているものは「単一ノ国家ニ非ズ」というから、国家意思に反する地方自治など成立する余地はない。

それゆえ「村長の意思を村の総意と見なす」といったところで、「村の意思」とは、国家の意思そのもの、あるいはそれを反映したものたらざるをえない。その意味で、国家意思とは、先験的に人々をそれらに従属させる理屈として都合よく用いられていることが明らかである。こうした上意下達の性格は、現在もなお、上司の命に従って職務をつかさどる、という公務員法の服務規定などに端的に表現されている（国家公務員法第九八条、地方公務員法第三二条）。

市制町村制にあっては、独任制の村長を「機関」として、そこに戸籍をはじめとする国政事務を委任するという手続がとられた。これは機関委任事務と呼ばれるものであるが、その含意は、「町村長ハ直接ニ官命ニ依テ事務ニ従事シ町村会ト相関セス」（市制町村制理由）とあるように、当該町村の議会の関与が斥けられるということである。つまり、村側には、ガイドラインに従って粛々と事務を遂行することが要請されたわけである。

しかも、「事務ニ要スル費用ハ町村ノ自ラ負担ス可キコト言ヲ俟タスシテ明ナリ」（同）として、委任事務の処理に要する費用は当然に町村が負担するとされた。たとえば、市制町村制施行直前の一八八九（明治二二）年三月に公布された国税徴収法でも、市町村には区域内の地租を徴収し金庫に納入する義務があるとしたが、そのための費用は市町村の負担とされた。その他の国税についても、同月の勅令で「市町村長ヲシテ之ヲ徴収スヘシ」とされた（町村長には徴税に関し、町村制一〇二条によって強制執行権も付与された）。当時は申告納税ではなく賦課課税であったが、その賦課額の決定方法も、繰り返し述べてきたように、結果からの逆算方式で、政府原案から仮構して決定されたものであった。

大きくそがれた村の自主性

市町村は、国税・府県税の徴収を一手に担ったが、その徴税交付金は国・府県を併せて、多いときでもせいぜい歳入の二パーセントほどであった。他方で、村では納税組合を設け、税の滞納を組合が立て替えるという、村請制さながらの徴税方法も見られた［勝部］。国に対する徴税義務が、村の納税組合に対する返済義務に置き換わったわけであるが、考えてみれば、村請制の時代における共同体の内実も、案外そのようなものであったかもしれない。

　地方経営・地方統治のための経費もまた、郷掛り、諸掛り、その流れを受けた民費を問わず、それ以前から義務的な委任事務費の性格を持っていたのであり、新たな制度はその反映であったという説明もある［藤田②］。しかし、従来は潤沢な民富を前提としてそうなっていたのだという点は強調されてよいだろう。

　機関委任事務は、当初、地方警察事務、浦役場事務、「国ノ行政並府県郡ノ行政ニシテ町村ニ属スル事務」（徴税・徴兵・戸籍など――引用者注）という制限列挙であったものが、一九一一（明治四四）年の市制・町村制への全面改正により拡大したことも相まって、地方財政の拡大・窮乏化による住民負担の増大をもたらしていくのであるが、それは、またのちのことである［日高］。

　さらに、市制町村制下では、専門職・技術職の常勤職員を除き、町村長、町村助役、町村会議員らは名誉職とされ、原則無給で務めることが「其地方人民ノ義務」とされた。地方自治は、「国民タル者国ニ尽スノ本務」であり、兵役と同じだというのである（市制町村制理由）。というのは、国税を蚕食しないように、基本財産収入を町村の事務費に充て、町村税を賦課しないよう制度設計されたためである。そして、市町村にこうした「負担」をさせることが法人化の眼目であったかもしれない。このときの改革は、土地や人だけでなく、権限をも囲い込んだ。委任事務は増加し、固有の事務や自主財源は制限され、村の自立性は大きくそがれることになった。

†村の概念転換と「自治体」という呼称

以上のように、郡を区切って村を作り余白なき支配を達成したことや、法人化により村が一個の人格をもつ主体として再定義されたこと、村人の地位を村の担い手から住民へと変化させたことは、「村」自体の意味を転換させた。だから、町村合併によって村が大きくなったという「量」の話として議論するのは一面的で、「質」的にも異なるものに変わったという点をおさえる必要がある。

不思議なのは、この重大な概念転換の、まさにその時点から市町村が「自治体」と呼ばれるようになったことである（法律上は「地方公共団体」）。もっとも、「自治」と聞いて、自ら治めるとか、自己決定のようなものを想像するのは早計である。政府の説明によれば、「自治権」とは、法律の範囲内で例規を定め事務を処理するという意味で庁達権でも官権でもないものを指すということであり、「自治トハ国ノ法律ニ遵依シ名誉職ヲ以テ事務ヲ処理スルヲ謂フ」のであるから、ここでいう「自治」は、およそ制限された内容にとどまるものである。地方の自治とはその程度のものと考えられたのである。また、「政府ノ繁雑ヲ省キ」「政府ノ事務ヲ地方ニ分任」（市制町村制理由）するのが地方分権だというから、こちらにも言語感覚の修正が必要である。

こうして、村は法共同体としての性格を喪失し、つまり「自治」性を喪失し、行政のための区画として純化された。制度が安定期に入ったと考えられる一九〇八（明治四一）年三月に、衆議院で次のような町村合併についての建議が賛成多数で可決されていることからして、行政区画としての村とその行政的改変は、議会もまた容認し、推進さえするところとなっていた（第二四回帝国議会衆議院「町村合併ニ関スル建議」＝委員会・本会議の議事録ともにウェブサイトで閲覧可能である）。あるいは、政府の望むところを議員が建議するという時代の到来を示すものかもしれない。

町村自治事務ノ挙否ハ直ニ国運ノ消長ヲ意味シ国務ノ興廃ヲ来スヤ論ナシ而シテ之カ振張発達ヲ期セムニハ小弱無資力ナル小町村ノ合併ヲ断行シ大町村ト為ササルヘカラス然ルニ政府ノ自治事務ニ対スル方針ハ其ノ合併事業ヲ以テ一ニ町村ノ自由意思ニ放任シテ自治ノ精神ヲ貫徹セシメムトスルモノノ如シ此ノ如キ喫緊ノ事業ニ就テハ政府ハ宜ク指導督励シテ以テ速成ノ方針ニ出テラレムコトヲ望ム
右建議ス

†市制町村制施行後の国の動き

さて、市制町村制の施行後、まもなく憲法が作られ、帝国議会ができ、国庫制度、金庫制度、会計制度などが一斉に整備された。

市制町村制によって頭出しされていたものとして行政裁判所の設置が挙げられるが（市制第一二七条、町村制第一三〇条）、それは、行政裁判所を東京に一カ所だけ設置し、また、列記主義（概括主義の否定）、訴願前置主義により出訴可能性を局限したものになった。一八七三（明治六）年に、行政権に対する出訴に広く道を開き、権利救済要求を受け入れる形で開始された日本の行政裁判は、その後、「行政権が権限裁量を確保するために、司法権による牽制を排除する」形で改正がつづき、最終的に行政裁判法・訴願法に結実した。大日本帝国憲法には行政裁判は「司法裁判所ニ於テ受理スルノ限ニ在ラス」と規定されている（第六一条）。槇村正直（まきむらまさなお）（日本で最初の行政訴訟事件で訴追されながらこれを歯牙にもかけず欠席し拘留された、当時の京都府参事）が、一七年を経て初代行政裁判所長に就任したことは、行政権の自立化を象徴する出来事であった［飛田］。

上述の流れに照らせば、国会開設に先立って、立法府からも司法府からも、そして君主からも独立した行政府を中心に据えた国家構想がなされたことの意味は明らかであろう。

官僚機構による安定的かつ自立的な国家運営がそのねらいであり、それを国会開設前に決めたということである。

官僚の養成は、帝国大学令（一八八六年）で改組された帝国大学（とりわけ法科大学）によって担われ、高等官の採用は、一八八八年開始の試補試験（のちの文官任用高等試験）によって行われた［水谷②］。

その後、幾度かの失敗の後、一九一一（明治四四）年には日本も条約改正を成し遂げ、国家的独立を達成する。しかし、その過程は、同時に清やロシアとの戦争、すでに締結されていた――自らが締結させられたのと同様の――不平等条約を踏み越えて朝鮮併合に至る道のりであった。日清戦争が開始されたのは、村の改変や憲法公布からわずか五年後である。こうした万国対峙は、はたして「民富の囲い込み」や「民意を国家意思に従わせる仕組」をぬきにして実現できたであろうか。それを思うとき、それに先立つ村の再編やそれを含む国民統合とは何であったかを再考せずにはいられない。

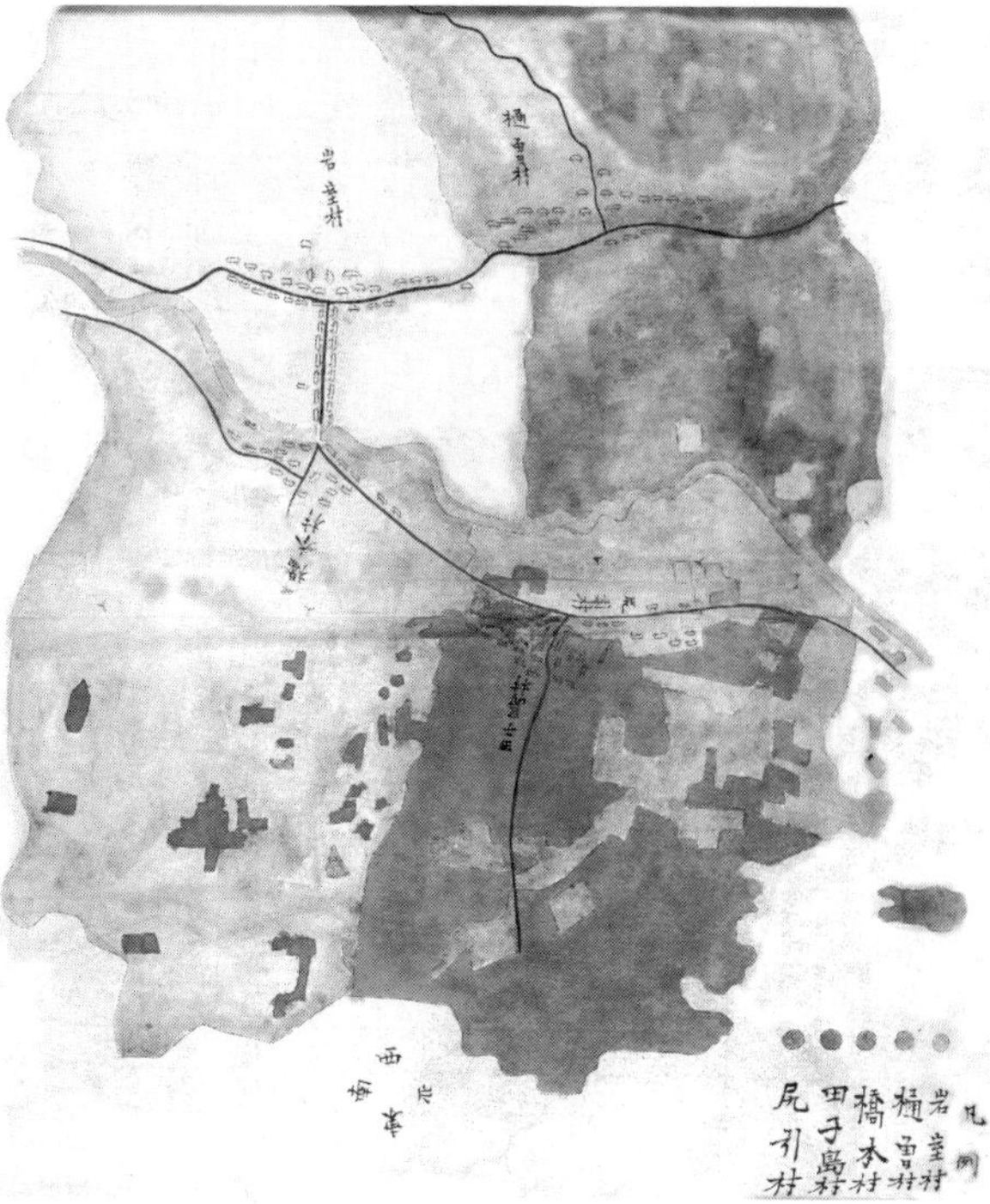

終　章
「容器」としての村

「西蒲原郡岩室村合併図」(新潟県立文書館所蔵「明治二十一年 郡長意見并戸長惣代答申書類 西蒲 地方課」。明治の大合併以前における、村々相互の耕地入り組みを示している)

†村は支配の都合で繰り返し再編されてきた

「村は行政区画なのだから、行政の中身が変われば再編されるのが当然」という議論を、町村合併研究のなかで幾度となく見聞きした。そうした議論に対する違和感が本書の生みの親である。つまり、最も身近であるはずの基礎自治体がなぜ住民の意向とまったく別の論理で作り替えられるのか、そして、村はいつ行政のための区画になったのだろうか、と。その違和感の背景には、「昔はそうではなかったはずだ」という思いがあった。その点では、著者（荒木田）自身も「自然村」なるものを信じて疑わない一人であった。

しかし、村の起源を辿ってわかったのは、村々が長い営みのなかで自らの姿を変えてきたのでは必ずしもなく、むしろ支配の都合で外在的に「再定義」を繰り返されてきたということであった。これは、共同体が村を作ったのか、権力が村を作ったのかという論点に関わるが、村は、その言葉が出現した頃から支配の単位であったと考えられ、もとより前国家的な存在であったとは考えにくい。少なくとも本書が扱った戦国時代末期以降については間違いなくそういえる。その意味で、前国家的なものとして自然村を措定することには賛同しがたい。むろん、前国家的な共同体の存在まで否定するつもりはないが、それは「村」とは別の概念で捉えた方がよいだろうというのが本書の立場である（共同体を「ムラ」として、村と区別する立場には反対しない)。

それゆえ、「自然村」を媒介として「村の起源」「共同体の起源」を辿っていくというアプローチは多分に錯誤に基づくものであり、問題の立て方としてはおそらく逆であって、村がどのようなものとして作り替えられてきたかを分析しなければならないのではないか、ということに思い至った。村には支配のあり方が刻印されており、村をみれば支配のあり方がわかる。だから、本書では、村落や村人の生活を分析するのではなく、「容器」「型枠」ないし「皮袋」としての村の方を分析しようと考えたのである。正確を期せば、この容器の方を「村」と定義してきたのだ、と記述すべきかもしれない。

そう書くと、村請制下では村が貢租共同負担の単位であったから、村は相互扶助の主体でもあったという反論がなされるかもしれない。もちろん、村が相互扶助の主体であった(逆に制裁の主体でもあったわけだが)という面は否定しないが、本書では、その性格こそが、諸役を村が請けるという仕組によってもたらされたという点を強調しているのである。石高制の帳尻合わせに象徴されるように、人々は村の権力的・外在的再編に翻弄されてきたのであり、容器や皮袋が内容物のありようを決定するという面も大きいので、このようなアプローチにもいかほどかの意味はあるのではないかと考えるのだが、いかがであろうか。

†秀吉構想の焼き直しだった明治の郡県化

村の近代化は、一六世紀に「分割と囲い込み」という世界的な流れへの反応として、秀吉の「天下統一」構想のなかで開始された。その構想は、村切りによって作られた「領域としての村」に、土地（耕地）も人も紐付けし、村を通じて、決められた石高に基づいて貢租を収納しようとするものであった。領主を「鉢植え」にし、石高制官僚化するために、領主には領知権が、百姓には所有権が与えられた。各地の旧慣も、土地や人の支配・徴税の面を中心に見直しと一元化を迫られた。

しかしその後、そもそもの不徹底に加え、幕藩体制下において、村は都市化によって蚕食され、耕地の売買によって構成員が入れ替わり、新田開発によって領域が変化した。さらには、石高制の帳尻合わせのために村自体が切り刻まれるに至って、秀吉構想は形骸化した。それと併行して、権力分散にともない村の性格が多様化するという問題も発生した。辛うじて、百姓の土地所有と、形式としての村請制・石高制が残ったほかは、三〇〇諸侯による割拠と「人を通じた土地の捕捉」の様相を呈するようになった。度量衡や幣制の混乱も相まって、集権的な近代国民国家とは対極の体制になっていたといってよい。それは、対外戦争への備えを不可能にするような体制でもあったため、黒船の来航によって再度見直しを迫られることになる。

明治政権が行ったのは、度量衡の統一、旧慣の整理、村の立て直し、地方官の定期的な配置転換など、秀吉構想の焼き直しであることが多い。村をユニットとする「土地を通じた人の捕捉」は、郡県化という、より自覚的な形で追求された。秀吉の時代と大きく異なったのは、地租改正作業にあたって石高制と村請制を廃止したことである。土地の実態把握のためには、石高制・村請制という、支配上の「緩衝材」がむしろ障害になったという面があったためであろう。「山のおく、海ハろかいの……」という土地支配の徹底は、「余白なき帰属」という形で実現された。

その過程を辿れば、まず国ありきで、国を分割して府県を、府県を分割して郡を作っていったことがわかる。郡県化が村にまで及んだのは、それから十余年を経た一八八〇年代末のことである。「土地を通じた人の捕捉」を実現するためにはその前提として土地の実態を把握する必要があったからであるが、その途上、地租改正とその後の地押作業のなかで、二〇〇万町以上の耕宅地が「発見」された。その結果、帳簿上の耕宅地は約一・七倍にまで激増したが、村々が土地の実態調査を拒んだり、間尺を変えたり、一見非効率と思われる土地調査を行っていた理由はここにあった。「見えない」耕地は囲い込むこともできないわけで、これがあぶり出され、囲い込まれていったのが一八八〇年代であった。

それは同時に、民富が国に捕捉されていく過程でもあった。山林の官没はその象徴であろう。そして、土地と民富のあぶり出し・囲い込みを経て、村の飛び地は組み替えられ、組み替え不能の場合は合併させられ、帳簿漏れの土地も含め、従来どこの村にも属さなかった土地を、必ずどこかの村に帰属させるという形で境界線が引かれた。これにより村にまで及ぶ郡県化が完成し、「土地を通じた人の捕捉」も可能になった。

海に浮かぶ島々のような存在であった村が、今や、用益のない土地までも含め、境界で囲まれた一円的な空間として、パズルのように敷き詰められるようになった。これが、いわゆる行政村である。だから、村々が集まって行政村ができたわけではない。郡を切り分けて行政村を作ったのである。それが「明治の町村大合併」の意味であり、人々はこれ以降、飛び地を目にしたときに不自然と感じるようになっていくのである。

†土地を通じた人の捕捉へ——村の法人化

次に示すのは、中国での旧慣調査をふまえ、現地と対比して日本の村の特質を述べた有名な記述である［福武］。

中国の村では、全般に村界に対する意識が弱く、華北の村落では、村民の所有地が他村民のそれと接する辺りが漠然と村の境として考えられている。そして古来、村は地域的に分割されず、戸数単位に編成され、属人主義によつている。しかるに我国の村では、村の境界は明確であり、封建的租税の連帯たる村高によつて固定された村界の意識が今も残つている。

しかし、本書でこれまで論じてきたように、ここで日本の村の特質として描かれているものは「封建的租税の連帯たる村高によつて固定された村界」というような旧慣ではなく、郡県改革によって明治期半ばに生み出されたものであった。「明治の大合併」の際に作成された絵図をみれば、そのことは明らかである（本章扉や口絵1を参照）。

たしかに、領域としての村は、秀吉構想によって出現した観念であったが、幕藩体制下においてはこれが実現しなかったばかりか、むしろ対極の性格のもの（福武氏のいう「属人主義」的なもの）となっていたからである。そして、幕藩体制下では「人を通じた土地の捕捉」によって村が存立していたからこそ、村は「共同体」的なものとして目に映ったに相違なく、それが「自然村」という議論につながったのであろう。しかし、当の村は、先述のとおり石高制の帳尻合わせなどのため切り刻まれる存在であり、「自然」なものでも「旧慣」でもなかった。したがって、そこでいう共同体もまたその限りのもの（帳尻合わせに基づいたもの）でしかなかった。

とはいえ、それでも「人を通じた土地の捕捉」の時代においては、村とは第一義的には村人のことを指していたのであるが、これが「土地を通じた人の捕捉」の時代には、村とはまずもって土地を意味するようになった。それにともない、人と土地の主従もまた逆転した。さらに、村の法人化によって、村人が集まって村を作っているという観念は否定され、村自体が一個の人格をもった主体と見なされるようになった。こうして、村は作り替えられ、「地方統治のための行政区画」として純化させられていった。

†「容器」としての村にどう向き合うか

「近代」化によって、地方とは統治し経営する対象ではあっても、自治を体現するための場ではなくなった。「地方経営」のため中間支配者を官僚化するには、地域の自立性が障害となる。それゆえ、地方経営は「いかに地方を自立させないようにするか」を制度化するものになる。村と国の関係としては、村が府県や国を支えているのではなく、村や府県が国にぶら下がっている（依存している）状態をイメージすればわかりやすい。そして、現場から事実を積み上げていくのではなく、結論から逆算して物事が決まるということが一般化する時代になった。村々は、形の上では「自治権」を与えられ、自治体と位置づけられたが、自治の余地はほとんどなくなった。

にもかかわらず、その「地方」に「自治」を接合したのは支配者の卓見であったろう。人々は、今やそこを通じて自治を体現するしかないと思い込むようになっている。その矛盾を自覚するために、村を分析する際にも、村を出発点にするのではなく、国を出発点として分析する方法が必要だと考えたのである。本章冒頭の問題意識に立ち戻れば、「村は村人たちの連綿たる努力の上に築き上げられてきたもの」と考えるか、「国家によって分割され、囲い込まれ、再定義されたものを村という名で呼んでいる」と考えるかによって、認識は大きく違ってくるからである。

本書が目指したのは、村が「容器」あるいは「型枠」であるということを自覚的に捉えた上で、その事実とどう向き合うかについて考えることである。ただし、本書ではそのスタートラインを示すにとどめた。具体的な「向き合い方」については記述していないが、それに関しても多様な考え方がありうるであろう。

おわりに

村は誕生したときから支配のための仕組であった。そのため、村には支配に資する働きが期待されてきた。そのことを自覚的に表現するために、本書では固有名詞をもった村人を登場させずに、「権力側」から村を描こうと考えたのである。「それでは村を描いたことにはならない」というご批判もあろうが、村人の生活を追うことこそが村を描くことであるという観念もまた、逆の意味での思い込みにすぎないから、相補関係になればよいと思う。

種明かしをすれば、大所高所から地上を見下ろし、細部に目をつぶり、統計的に整理するという本書のアプローチ自体が「近代的」なものであって、秀吉構想に共感し、維新期の改革に感心するなかで、自身の中にある「近代的なるもの」や「統治者目線」を自覚していただこうと考えたのである。

たとえば今、仮に隣人が隠地をもっていたとすれば、人々はそれに対してどういう反応を示すであろうか。おそらく、判で押したように同じ反応をするに相違ない。――つまり、「近代化」はそういう心性を私たちに定着させたのである。また、郡県化と行政区画化は、統治者の視線を、やがては人々の視線をも変化させていった。空間の認識を変えたといってもよいかもしれない。「里から山を見上げるような視線」から「空から地表を見下ろすような視線」への変化である。

いつから私たちは、個人ではなく社会の方を出発点としてものを考えるようになったのだろう。空から地上を眺めるような超然的視点でものごとを分析するようになったのだろう。そして、なぜ被治者が治者の立場でものを考え、治者の立場を忖度するようになったのだろう。

村の近代化を通じて、そういうことを考えてみたかったのである。

＊本書は、「村の『近代』（上・中・下完）」（『行政社会論集』第三一巻第四号〜第三二巻第二号、二〇一九年）に加筆し、修正したものである。

参考文献・引用文献

秋山謙蔵『日支交渉史研究』（岩波書店、一九三九年）
阿部善雄『目明し金十郎の生涯』（中央公論社、一九八一年）
新井克美『公図と境界』（テイハン、二〇〇五年）
荒野泰典『近世日本と東アジア』（東京大学出版会、一九八八年）
有尾敬重『本邦地租の沿革』（御茶の水書房、一九七七年）
安野眞幸『バテレン追放令』（日本エディタースクール出版部、一九八九年）
井口悦男『増補・明治期迅速測図の基礎的研究』（之潮、二〇一三年）
池田宏編『大森鍾一』（池田宏、一九三〇年）
井上勝生『幕末・維新』（岩波書店、二〇〇六年）
石井紫郎『権力と土地所有』（東京大学出版会、一九六六年）……石井①
石井良助『江戸時代土地法の生成と体系』（創文社、一九八九年）……石井②
岩井茂樹『朝貢・海禁・互市』（名古屋大学出版会、二〇二〇年）
岩生成一『新版 朱印船貿易史の研究』（吉川弘文館、二〇一三年）
岩本由輝『村と土地の社会史』（刀水書房、一九八九年）
梅田康夫「平安期の進退・進止について」『金沢法学』第三二巻第一・二号、一九九〇年

大内兵衛・土屋喬雄編『明治前期財政経済史料集成　第二巻』（明治文献資料刊行会、一九六二年）……大内①
大内兵衛・土屋喬雄編『明治前期財政経済史料集成　第七巻』（明治文献資料刊行会、一九六三年）……大内②
大島美津子『明治国家と地域社会』（岩波書店、一九九四年）
岡本良知『十六世紀日欧交通史の研究』（弘文荘、一九三六年）
風間正太郎「方言『シンガイ』考」『新潟商業会議所報告』第七四回、一九一八年
勝部眞人編『近代東アジア社会における外来と在来』（清文堂、二〇一一年）
勝俣鎮夫『戦国時代論』（岩波書店、一九九六年）
神田千里『一向一揆と石山合戦』（吉川弘文館、二〇〇七年）
菊地利夫『新田開発 上』（古今書院、一九五八年）……菊地①
菊地仁『近世田租法の研究』（岩田書院、一九九九年）……菊地②
木越隆三『織豊期検地と石高の研究』（桂書房、二〇〇〇年）
岸本美緒編『岩波講座 世界歴史13 東アジア・東南アジア伝統社会の形成』（岩波書店、一九九八年）
木村礎『村の語る日本の歴史 近世編①』（そしえて、一九八三年）
熊谷開作『日本土地私有制の展開』（ミネルヴァ書房、一九七六年）……熊谷①
熊谷開作『日本の近代化と土地法』（日本評論社、一九八八年）……熊谷②
桑原公徳「『府県地租改正紀要』にみる地図と土地丈量」『鷹陵史学（仏教大学歴史研究所）』第一〇号、一九八五年

小路田泰直『日本近代の起源』（敬文舎、二〇一五年）
児島清文・伏脇紀夫編『應響雑記（下）天保十五年〜安政六年』（桂書房、一九九〇年）
小葉田淳『金銀貿易史の研究』（法政大学出版局、一九七六年）
佐々木克『江戸が東京になった日』（講談社、二〇〇一年）
佐藤甚次郎『明治期作成の地籍図』（古今書院、一九八六年）
柴田孝夫「地割からみた江戸城下町の成立」『地理』第二五巻第四号、一九八〇年
司法省編『日本民事慣例類集』（白東社、一九三二年）
関口榮一「明治初期財政における中央と地方」『法学（東北大学）』第五一巻第六号、一九八八年
高岡市編『高岡史料 上巻』（高岡市、一九〇九年）
高木昭作『日本近世国家史の研究』（岩波書店、一九九〇年）
高階秀爾・田中優子編『江戸への新視点』（新書館、二〇〇六年）
高瀬弘一郎『キリシタンの世紀』（岩波書店、一九九三年）
田中圭一『日本の江戸時代』（刀水書房、一九九九年）……田中①
田中誠二『近世の検地と年貢』（塙書房、一九九六年）……田中②
田中喜男『加賀藩における都市の研究』（文一総合出版、一九七八年）……田中③
田保橋潔『増訂 近代日本外国関係史』（刀江書院、一九四四年）
玉井哲雄『江戸町人地に関する研究』（近世風俗研究会、一九七七年）
塚本学『生きることの近世史』（平凡社、二〇〇一年）
寺尾辰之助編『明治林業逸史』（大日本山林会、一九三一年）

飛田清隆「明治国家体制における行政訴訟制度の成立過程に関する体系的考察」『法制史研究』第五七号、二〇〇七年
中山富広『近世の経済発展と地方社会』（清文堂出版、二〇〇五年）
名古屋市博物館編『豊臣秀吉文書 三』（吉川弘文館、二〇一七年）……名古屋市博物館①
名古屋市博物館編『豊臣秀吉文書 四』（吉川弘文館、二〇一八年）……名古屋市博物館②
西川町教育委員会編『西川町史編集資料 第十三号（三）』（西川町教育委員会、一九八四年）
日本史攷究会編『日本史攷究と歴史教育の視座』（早稲田大学メディアミックス、二〇〇四年）
長谷部弘「幕藩体制社会における非領国制支配と石高制」『経済学（東北大学）』第四六巻第一号、一九八四年
速水融『近世初期の検地と農民』（知泉書館、二〇〇九年）
坂野潤治『日本近代史』（筑摩書房、二〇一二年）
日高昭夫『基礎的自治体と町内会自治会』（春風社、二〇一八年）
深尾京司ほか編『岩波講座 日本経済の歴史 第二巻 近世』（岩波書店、二〇一七年）
福島市教育委員会編『福島市の文化財 福島の村絵図Ⅰ』（福島市教育委員会、一九九八年）
福島正夫『地租改正の研究（増訂版）』（有斐閣、一九七〇年）
福武直『日本農村の社会的性格』（東京大学出版会、一九四九年）
藤木久志『豊臣平和令と戦国社会』（東京大学出版会、一九八五年）……藤木①
藤木久志『雑兵たちの戦場』（朝日新聞社、一九九五年）……藤木②
藤木久志『村と領主の戦国世界』（東京大学出版会、一九九七年）……藤木③

藤田覚『江戸時代の天皇』（講談社、二〇一一年）……藤田①
藤田武夫『日本地方財政制度の成立』（岩波書店、一九四一年）……藤田②
藤田恒春編校訂『増補 駒井日記』（文献出版、一九九二年）……藤田③
藤野保『江戸幕府崩壊論』（塙書房、二〇〇八年）
双川喜文『近世の土地私有制』（新地書房、一九八〇年）
ジェリー・ブロットン著、齋藤公太ほか訳『地図の世界史 大図鑑』（河出書房新社、二〇一五年）
寶月圭吾『中世量制史の研究』（吉川弘文館、一九六一年）
細谷新治『明治前期日本経済統計解題書誌 富国強兵篇（上の2）』（一橋大学経済研究所日本経済統計文献センター、一九七八年）
松沢裕作『町村合併から生まれた日本近代』（講談社、二〇一三年）
松下志朗『幕藩制社会と石高制』（塙書房、一九八四年）
的場節子『ジパングと日本』（吉川弘文館、二〇〇七年）
三上隆三『江戸の貨幣物語』（東洋経済新報社、一九九六年）
水田恒樹「新潟の都市形成に河川の活動が与えた影響」、陣内秀信・高村雅彦編『水都学Ⅰ』（法政大学出版局、二〇一三年）
水谷三公『江戸は夢か』（筑摩書房、一九九二年）……水谷①
水谷三公『官僚の風貌』（中央公論新社、一九九九年）……水谷②
水本邦彦『近世の村社会と国家』（東京大学出版会、一九八七年）
美濃部達吉『改正府県制郡制要義』（有斐閣、一八九九年）……美濃部①

美濃部達吉『憲法撮要（改訂第五版）』（有斐閣、一九三二年）……美濃部②
宮崎克則『逃げる百姓、追う大名』（中央公論新社、二〇〇二年）
村井章介『境界史の構想』（敬文舎、二〇一四年）
村上淳一『近代法の形成』（岩波書店、一九七九年）
村田隆三「藩札研究史覚え書き」『千葉商大論叢』第四〇巻第四号、二〇〇三年
文部省編『文部省第一年報 明治六年』（文部省、一八七五年）
茂木陽一「新政反対一揆と地租改正反対一揆」、坂野潤治ほか編『維新変革と近代日本』（岩波書店、一九九三年）
矢野健太郎「土地丈量からみる近世・近代の土地把握」、荒武賢一朗ほか編『日本史学のフロンティア2』（法政大学出版局、二〇一五年）
山内進『掠奪の法観念史』（東京大学出版会、一九九三年）
山中永之佑ほか編『日本近代地方自治立法資料集成 二（明治中期編）』（弘文堂、一九九四年）
吉野作造編集代表『明治文化全集 第四巻』（日本評論社、一九二八年）
若林淳之「旗本領の構造」『史林』第五二巻第四号、一九六九年
渡辺俊一『井上毅と福沢諭吉』（日本図書センター、二〇〇四年）……渡辺①
渡辺尚志・五味文彦編『土地所有史』（山川出版社、二〇〇二年）……渡辺②
渡辺尚志・長谷川裕子編『中世・近世土地所有史の再構築』（青木書店、二〇〇四年）……渡辺③

ちくま新書
1529

村の日本近代史
二〇二〇年一一月一〇日　第一刷発行

著者　荒木田岳（あらきだ・たける）
発行者　喜入冬子
発行所　株式会社 筑摩書房
東京都台東区蔵前二-五-三　郵便番号一一一-八七五五
電話番号〇三-五六八七-二六〇一（代表）
装幀者　間村俊一
印刷・製本　三松堂印刷 株式会社

ISBN978-4-480-07355-6 C0221

ちくま新書

1287-1
人類5000年史Ⅰ
——紀元前の世界
出口治明
人類五〇〇〇年の歩みを通読する、新シリーズの第一巻、ついに刊行！　文字の誕生から知の爆発の時代まで紀元前三〇〇〇年の歴史をダイナミックに見通す。

1287-2
人類5000年史Ⅱ
——紀元元年～1000年
出口治明
人類史を一気に見通すシリーズの第二巻。漢とローマ二大帝国の衰退、世界三大宗教の誕生、陸と海のシルクロード時代の幕開け等、激動の1000年が展開される。

1287-3
人類5000年史Ⅲ
——1001年～1500年
出口治明
十字軍の遠征、宋とモンゴル帝国の繁栄など人や物の交流が盛んになるが、気候不順、ペスト流行にも見舞われる。ルネサンスも勃興し、人類は激動の時代を迎える。

1342
世界史序説
——アジア史から一望する
岡本隆司
ユーラシア全域と海洋世界を視野にいれ、古代から現代までを一望。西洋中心的な歴史観を覆し、「世界史の構造」を大胆かつ明快に語る。あらたな通史、ここに誕生！

1206
銀の世界史
祝田秀全
世界中を駆け巡った銀は、近代工業社会を生み世界経済の一体化を導いた。銀を読みといて、コロンブスから産業革命、日清戦争まで、世界史をわしづかみにする。

1210
日本震災史
——復旧から復興への歩み
北原糸子
度重なる震災は日本社会をいかに作り替えてきたのか。有史以来、明治までの震災の復旧・復興の事例に焦点を当て、史料からこの国の災害対策の歩みを明らかにする。

1475
歴史人口学事始め
——記録と記憶の九〇年
速水融
2019年に逝去した歴史人口学の泰斗・速水融の遺著。欧州で歴史人口学と出会い、日本近世経済史の知られざる姿を明らかにした碩学が激動の時代を振り返る。

1406
考古学講義
北條芳隆編
科学的手法の進展により新発見の続く考古学。その最先端をわかりやすく伝えるとともに、通説をそのままなぞるような水準にとどまらない挑戦的な研究を紹介する。

1169
アイヌと縄文
——もうひとつの日本の歴史
瀬川拓郎
北海道で縄文の習俗を守り通したアイヌ。その文化から日本列島人の原郷の思想を明らかにし、日本人にとって、ありえたかもしれないもうひとつの歴史を再構成する。

1207
古墳の古代史
——東アジアのなかの日本
森下章司
社会変化の「渦」の中から支配者が出現した、古墳時代の中国・朝鮮・倭。一体何が起こったのか。日本と他地域の共通点と、明白な違いとは。最新考古学から考える。

791
日本の深層文化
森浩一
稲と並ぶ隠れた主要穀物の「粟」。田とは異なる豊かさを提供してくれる各地の「野」。大きな魚としてのクジラ。——史料と遺跡で日本文化の豊穣な世界を探る。

1300
古代史講義
——邪馬台国から平安時代まで
佐藤信編
古代史研究の最新成果と動向を一般読者にわかりやすく伝えるべく15人の専門家の知を結集。列島史の全体像が1冊でつかめる最良の入門書。参考文献ガイドも充実。

1391
古代史講義【戦乱篇】
佐藤信編
日本の古代を大きく動かした15の戦い・政争を最新研究に基づき正確に叙述。通時的に歴史展開を見通すとともに、時代背景となる古代社会のあり方を明らかにする。

1480
古代史講義【宮都篇】
佐藤信編
飛鳥の宮から平城京・平安京などの都、太宰府、平泉まで古代の代表的宮都を紹介。最新の発掘・調査成果をもとに都市の実像を明らかにし、古代史像の刷新を図る。

ちくま新書

601 法隆寺の謎を解く　武澤秀一
世界最古の木造建築物として有名な法隆寺は、創建・再建の動機を始め多くの謎に包まれている。その構造から古代史を読みとく、空間の出来事による「日本」発見。

1192 神話で読みとく古代日本
——古事記・日本書紀・風土記　松本直樹
古事記、日本書紀、風土記という〈神話〉を丁寧に読みとくと、古代日本の国家の実像が見えてくる。精神史上の「日本」誕生を解明する、知的興奮に満ちた一冊。

1254 万葉集から古代を読みとく　上野誠
民俗学や考古学の視点も駆使しながら万葉集全体を解剖し、今につながる古代人の文化史、社会史をさぐる型破りの入門書。「表現して、残す」ことの原初性に迫る。

859 倭人伝を読みなおす　森浩一
開けた都市、文字の使用、大陸の情勢に機敏に反応する外交。——古代史の一級資料「倭人伝」を正確に読みとき、当時の活気あふれる倭の姿を浮き彫りにする。

895 伊勢神宮の謎を解く
——アマテラスと天皇の「発明」　武澤秀一
伊勢神宮をめぐる最大の謎は、誕生にいたる壮大なプロセスにある。そこにはなぜ、二つの御神体が共存するのか？神社の起源にまで立ち返りあざやかに解き明かす。

1247 建築から見た日本古代史　武澤秀一
飛鳥寺、四天王寺、伊勢神宮などの古代建築群を手がかりに日本誕生に至る古代史を一望する。仏教公伝、皇祖神創造、生前退位は如何に三次元的に表現されたのか？

1497 人事の古代史
——律令官人制からみた古代日本　十川陽一
報復左遷、飼い殺し、飼い慣らし……。天皇を中心に国を統治をするために様々な人の差配が必要となった。国家の礎となる官人とその支配制度に光を当てた一冊。

ちくま新書

1378 中世史講義 ——院政期から戦国時代まで　高橋典幸編 五味文彦編
日本史の先端研究者の知を結集。政治・経済・外交・社会・文化など十五の重要ポイントを押さえるかたちで中世史を俯瞰する。最新の論点が理解できる、待望の通史。

1485 中世史講義【戦乱篇】　高橋典幸編
『承久の乱』『応仁の乱』など重要な戦乱をめぐる最新研究成果を紹介。保元の乱から慶長の役まで、武士による戦乱の時代であった中世の歴史を一望に収める入門書。

1369 武士の起源を解きあかす ——混血する古代、創発される中世　桃崎有一郎
武士はどこでどうやって誕生したのか。日本を長期間統治した彼らのはじまりは「諸説ある」として不明とされていた。古代と中世をまたぎ、日本史最大級の謎に挑む。

734 寺社勢力の中世 ——無縁・有縁・移民　伊藤正敏
最先端の技術、軍事力、経済力を持ちながら、同時に、国家の論理、有縁の絆を断ち切る中世の「無縁」所。第一次史料を駆使し、中世日本を生々しく再現する。

1471 室町の覇者 足利義満 ——朝廷と幕府はいかに統一されたか　桃崎有一郎
朝廷の支配者であり、幕府のトップ。その権力の源泉は儀礼の奥義と、無言の恫喝とジョークで、それは天皇まで翻弄した。知られざる義満の正体を深掘する。

618 百姓から見た戦国大名　黒田基樹
生存のために武器を持つ百姓。領内の安定に配慮する大名。乱世に生きた武将と庶民のパワーバランスとは——。戦国時代の権力構造と社会システムをとらえなおす。

1093 織田信長　神田千里
信長は「革命児」だったのか？　近世へ向けて価値観が大転換した戦国時代、伝統的権威と協調し諸大名や世間の評判にも敏感だった武将の像を、史実から描き出す。

ちくま新書

1426
明智光秀と本能寺の変
渡邊大門
下克上の時代。なぜ明智光秀は織田信長を殺したのか。私怨だったのか、朝廷か足利義昭か、徳川家康の陰謀だったか……戦国ミステリーを明智の人生で読み解く。

1359
大坂城全史
――歴史と構造の謎を解く
中村博司
豊臣秀吉、徳川家康・秀忠など、長きにわたり権力者たちの興亡の舞台となった大坂城を、最新の研究成果に基づき読み解く、通説を刷新する決定版通史！

1469
近世史講義
――女性の力を問いなおす
高埜利彦編
第一線の実証史学研究者が最新研究に基づき江戸時代の実像に迫る。特に女性が持った力と果たした役割を多角的に検証。通史としても読める全く新しい形の入門書。

1034
大坂の非人
――乞食・四天王寺・転びキリシタン
塚田孝
「非人」の実態は、江戸時代の身分制だけでは捉えられない。町奉行所の御用を担っていたことなど意外な事実を明らかにし、近世身分制の常識を問い直す一冊。

1294
大坂　民衆の近世史
――老いと病・生業・下層社会
塚田孝
江戸時代に大坂の庶民に与えられた「褒賞」の記録を読みとくと、今は忘れられた市井の人々のドラマが見えてくる。大坂の町と庶民の暮らしがよくわかる一冊。

692
江戸の教育力
高橋敏
江戸の教育は社会に出て困らないための、「一人前」になるための教育だった！　文字教育と非文字教育が一体化した寺子屋教育の実像を第一人者が掘り起こす。

1144
地図から読む江戸時代
上杉和央
空間をどう認識するかは時代によって異なる。その違いを象徴するのが「地図」だ。古地図を読み解き、日本の形を作った時代精神を探る歴史地理学の書。図版資料満載。

ちくま新書

1198
天文学者たちの江戸時代
——暦・宇宙観の大転換
嘉数次人
日本独自の暦を初めて作った渋川春海を嚆矢とする「江戸の天文学者」たち。先行する海外の知と格闘し、暦・宇宙の研究に情熱を燃やした彼らの思索をたどる。

1309
勘定奉行の江戸時代
藤田覚
家格によらず能力と実績でトップに立てた勘定所。財政を支える奉行のアイデアとは。年貢増徴策、新財源探し、禁断の貨幣改鋳、財政積極派と緊縮派の対立……。

1219
江戸の都市力
——地形と経済で読みとく
鈴木浩三
天下普請、参勤交代、水運網整備、地理的利点、統治システム、所得の再分配……地形と経済の観点を中心として、未曾有の大都市に発展した江戸の秘密を探る！

1096
幕末史
佐々木克
日本が大きく揺らいだ激動の幕末。そのとき何が起き、何が変わったのか。黒船来航から明治維新まで、日本の生まれ変わる軌跡をダイナミックに一望する決定版。

650
未完の明治維新
坂野潤治
明治維新は〈富国・強兵・立憲主義・議会論〉の四つの目標が交錯した「武士の革命」だった。それは、どう実現されたのだろうか。史料で読みとく明治維新の新たな実像。

1379
都市空間の明治維新
——江戸から東京への大転換
松山恵
江戸が東京になったとき、どのような変化が起こったのか？　皇居改造、煉瓦街計画、武家地の転用など空間の変容を考察し、その町に暮らした人々の痕跡をたどる。

1513
明治憲法史
坂野潤治
近代日本が崩壊へと向かう過程において、憲法体制は本当に無力であるほかなかったのか。明治国家の建設から総力戦の時代まで、この国のありようの根本をよみとく。